ARD-Ratgeber Recht

Herausgeber: Dr. Frank Bräutigam

MEINE IMMOBILIE VERKAUFEN, VERSCHENKEN ODER VERERBEN

SWR» verbraucherzentrale

Eine Produktion des Südwestrundfunks in Zusammenarbeit
mit den Verbraucherzentralen

Danksagung
Bei diesem Buch haben mich zahlreiche Experten unterstützt, vor allem Steuerberater und Juristen. Mein besonderer Dank gilt Herrn Rechtsanwalt und Notar Harald Haakshorst und Frau Rechtsanwältin Katja Hennig, Essen, für ihre Hilfe bei Fragen zu Makler- und Kaufverträgen, sowie Frau Notarin Elke Weisgerber, Wiehl, für ihre Ratschläge zu Schenkung und Nachlassregelung.

Wer sich – aus welchen Gründen auch immer – von seiner Immobilie trennen will, muss wissen, wie er das am besten bewerkstelligt, sowohl in praktischer als auch in juristischer, finanzieller und steuerlicher Hinsicht. Dieser Ratgeber erläutert, wie man seine Immobilie optimal präsentiert und was es beim Verkaufen, Verschenken oder Vererben zu beachten gilt.

Karl-Heinz Seyfried ist Wirtschaftsjournalist und befasst sich seit mehr als drei Jahrzehnten mit Fragen rund um die Immobilie.

Karl-Heinz Seyfried

MEINE IMMOBILIE VERKAUFEN, VERSCHENKEN ODER VERERBEN

Wichtig

Beispiel

Vorsicht, Risiko!

Tipp, Ratschlag

Checkliste

Bibliografische Information der Deutschen Bibliothek
Die Deutsche Bibliothek verzeichnet diese Publikation in der Deutschen Nationalbibliografie; detaillierte bibliografische Daten sind im Internet über http://dnb.ddb.de abrufbar.

2. Auflage 2012, aktualisiert und überarbeitet

Printed in Germany.
ISBN 978-3-86336-606-3

VORWORT

Die Gründe, sich von einer Immobilie zu trennen, sind so individuell wie das Leben. Und Erfolg ist wie immer eine Sache von Informationen, Timing, Einsatzfreude – und ein bisschen Glück.

Dabei fällt vielen Eigentümern die Trennung von ihrem Domizil schwer. Schließlich wünschen sich die meisten Bürger ein eigenes Haus oder eine Eigentumswohnung. Doch vielleicht steht ein Ortswechsel an, weil anderswo ein guter Job lockt. Manche Familie verkauft ihr Domizil, um sich ein komfortableres Heim zuzulegen. Und Senioren wollen heute immer öfter ihren Ruhestand in neuer Umgebung genießen.

Andere Eigentümer sehen sich gezwungen zu verkaufen: etwa, weil sie unter der Kreditlast leiden, nachdem das Einkommen in einer Firmenkrise eingebrochen ist, oder unerwartete Ausgaben zu bewältigen sind. Da ist ein Verkauf sinnvoll, bevor Finanzsorgen die Gesundheit und das Privatleben ruinieren. Wer in Ruhe nach einem Käufer sucht, erzielt zudem meist einen besseren Preis, als wenn ein Verkauf unter dem Druck der Bank überstürzt über die Bühne gehen soll. Auch wenn eine Ehescheidung zur Trennung von der Immobilie führt, lohnt frühes Handeln.

Bei vermieteten Objekten sollten die Eigentümer sich ohnehin von Zeit zu Zeit die Frage stellen, ob das gebundene Kapital sich nicht anderweitig besser nutzen lässt, zum Beispiel zum Kauf von Wertpapieren oder vielleicht für einen Kredit an die Kinder, die in ein Eigenheim oder ein Unternehmen investieren wollen.

Doch warum eigentlich verkaufen? Oft lässt sich die Immobilie in der Familie halten. Dabei sind mit den eigenen Kindern oder anderen nahestehenden Personen vielfältige Absprachen möglich. Senioren geben das Eigentum an ihrer Wohnung auf, sichern sich jedoch ein Wohnungsrecht, um sie weiter mietfrei zu nutzen. Vermögende Familien übereignen ihr Mietshaus an die Kinder, um die Steuersparchancen der vorweggenommenen Erbfolge zu nutzen, und bekommen durch Nießbrauch weiterhin die Einnahmen. Ein Vater, der sich nicht länger um die Instandhaltung seiner Immobilie kümmern mag, übergibt sie an seinen erwachsenen Sohn und erhält nun von ihm eine wertgesicherte Rente.

Dieses Buch behandelt alle diese Varianten und zeigt noch weitere Möglichkeiten auf, damit jeder Eigentümer den für ihn optimalen Weg findet.

Wenn in diesem Vorwort und in den folgenden Kapiteln von Eigentümern die Rede ist, sind stets auch die Eigentümerinnen gemeint. Dies gilt entsprechend bei anderen männlichen Bezeichnungen. Ob Leserin oder Leser: Ich wünsche Ihnen – auch im Namen der Fachleute, die mich beim Schreiben dieses Buches unterstützt haben –, dass die Weitergabe Ihrer Immobilie erfolgreich gelingt.

Karl-Heinz Seyfried
Köln, April 2012

INHALT

01 DEN MARKTWERT ERMITTELN: PREISFRAGE

02 EINE IMMOBILIE VERKAUFEN: ERFOLGSKURS

03 ALTERNATIVE ZUM VERKAUF: WIE DIE IMMOBILIE IN DER FAMILIE BLEIBT

ABKÜRZUNGEN

AO	Abgabenordnung
BGB	Bürgerliches Gesetzbuch
EigZulG	Eigenheimzulagengesetz
ErbStG	Erbschaft- und Schenkungsteuergesetz
EStG	Einkommensteuergesetz
EStR	Einkommensteuerrichtlinien
GA	Gutachterausschuss
GFZ	Geschossflächenziffer
HOAI	Honorarordnung für Architekten und Ingenieure
ImmoWertV	Immobilienwertermittlungsverordnung
InvZulG	Investitionszulagengesetz
öbuv-Sachverständiger	öffentlich bestellter und vereidigter Sachverständiger für Grundstücksbewertung
WertR	Wertermittlungsrichtlinie

DEN MARKTWERT ERMITTELN: PREISFRAGE

01

Wie viel Geld soll ich für mein Haus oder meine Eigentumswohnung verlangen? Wer beschlossen hat, seine Immobilie zu verkaufen, steht gleich zu Beginn vor einer schweren Entscheidung: Verlangt er zu wenig, ärgert er sich später. Fordert er einen Mondpreis, verkommt das Objekt zum Ladenhüter, der sich oft nur noch zum Discountpreis verkaufen lässt. Aber auch Eigentümer, die ihre Immobilie verschenken oder vererben wollen, müssen deren Wert kennen. Sonst können sie den Nachlass nicht gerecht auf mehrere Angehörige verteilen.

Vorbei sind die Zeiten, als es nur die Frage gab, wie stark der Wert des eigenen Hauses bzw. der Eigentumswohnung gestiegen ist. Zwar gibt es erfreulicherweise in Deutschland keinen dramatischen Preiseinbruch, aber in vielen Regionen gaben die Preise in den vergangenen Jahren nach. Aktuelle Informationen über die Marktlage sind für alle Verkäufer deshalb so wichtig wie nie zuvor.

Nur eine Gruppe kann die folgenden Seiten überblättern und direkt auf Seite 120 weiterlesen: Eigentümer, die ihren Besitz nur einer Person schenken oder hinterlassen wollen, denn hier können keine Verteilungsprobleme auftreten. Aber selbst dann sind die Eigentümer vermutlich neugierig, den Wert ihrer Immobilie zu erfahren. Den sollten auf jeden Fall alle kennen, die planen, ihr Haus bzw. ihre Eigentumswohnung sowie sonstige Vermögensgegenstände an mehrere Angehörige und nahestehende Personen weiterzugeben. Schließlich soll jeder Empfänger wertmäßig bekommen, was ihm zugedacht ist.

Das A und O: der richtige Preis

Für Verkäufer lautet die Kernfrage ohnehin: Wie viel soll ich verlangen? Wer den Wert überschätzt, weist Interessenten, die nicht so viel bieten wollen oder können, ab – und trauert deren Gebot vielleicht später nach. Umgekehrt verschenkt der Verkäufer bares Geld, wenn er den erzielbaren Preis unterschätzt und vorschnell verkauft. Auf jeden Fall müssen die Pläne für neue Investitionen, die mit dem Erlös finanziert werden sollen, auf realisierbaren Werten basieren. Wer etwa mit dem Verkauf seines freistehenden Einfamilienhauses am Stadtrand nicht genügend Geld erwirtschaftet, um die gewünschte Wohnung in bester Citylage zu finanzieren, wird das ganze Konzept überprüfen.

Zur Wertermittlung können Eigentümer ein Gutachten in Auftrag geben, das sie für weniger als 30 Euro (siehe Seite 25) oder für einige tausend Euro erhalten können (siehe Seite 26). Doch wer die Zeit erübrigen kann, sollte sich nicht blindlings auf die Angaben anderer verlassen, sondern sich selbst zumindest einen Überblick verschaffen – auch um herauszufinden, wer ihn bei der Bewertung unterstützen kann und wie seriöse Gutachter vorgehen (siehe Seite 22). Nur wer Grundkenntnisse besitzt, kann mit den Experten sinnvolle Absprachen treffen und mit ihnen die Ergebnisse diskutieren. Viele Informationen zum Thema Bewertung stehen im Internet: Wer es nicht selbst nutzen kann, sollte sich einen kompetenten Helfer suchen.

WER ERSTE INFORMATIONEN ÜBER IMMOBILIENPREISE LIEFERT

Informationen richtig bewerten

Auf Erzählungen aus der Nachbarschaft ist nicht immer Verlass. Immobilienverkäufer melden gern höhere Erlöse, um besonders tüchtig zu erscheinen. Oder sie nennen einen geringeren Preis, um zum Beispiel keine Begehrlichkeiten bei anderweitig bedachten Miterben zu wecken. Auch manche Käufer stapeln tief, um als harte Verhandlungspartner zu gelten. Verlässlicher sind Preisangaben, die Wohnungseigentümer vom Verwalter erhalten können, der meist mit Verkäufern und Käufern im Haus redet. Aber auch dabei fallen oft Vertragsdetails unter den Tisch: etwa, dass eine hochwertige Einbauküche mit verkauft bzw. ein Teil des Kaufpreises gestundet wird oder der Verkäufer noch gewisse Reparaturen übernimmt.

Marktstudien nicht immer aussagekräftig

Solche Verzerrungen sind bei den diversen Marktstudien, die meist auf Umfragen unter Immobilienmaklern basieren, nicht zu befürchten. Allerdings bleiben sie vage. So veröffentlichen die LBS-Bausparkassen für 660 Städte jeweils Preisspannen (kostenlos im Internet zu bestellen: www.lbs.de, Rubrik Service/Infomaterial/Broschüren). So kosten zum Beispiel gebrauchte Reihenhäuser laut LBS in Aachen 150.000 bis 300.000 Euro. Solche Angaben eignen sich kaum zur Bewertung einzelner Objekte, sondern allenfalls zum Vergleich zwischen den Kommunen. Die Hypovereinsbank hält Studien für 1.300 Städte und Landkreise bereit, die immerhin Richtprei-

Kostenlose Angebote nutzen

se für einzelne Stadtteile nennen (für bis zu 9,99 Euro unter www.planethome.de, Rubrik Ratgeber). Ähnliche Preisübersichten für die Bezirke liefern manche Maklerfirmen kostenlos.

Ebenfalls unentgeltlich zeigt das Internetportal der Zeitschrift Capital Karten für 180 Städte, auf denen die Wohngebiete je nach Preisniveau farbig markiert sind (www.capital.de). Auch die Immobilienführer von Werner Plötz machen Angaben zu den Ballungsräumen Hamburg, Berlin und München. Der Autor nennt Preisspannen für die Wohngebiete und bewertet zudem Tausende Straßen je nach Wohnqualität mit bis zu fünf Sternen.

Vorsicht

Skepsis ist angesagt bei Bewertungen, die auf Angaben von Internetnutzern basieren. Das führt zum Beispiel bei der Rubrik „Wohnen und Leben" des Internetportals Immowelt.de teils zu kurios verzerrten Preisangaben. Auch sammeln da beim Kulturangebot schon mal Dörfer so viele Punkte wie Großstädte und triste, dicht bebaute Althausquartiere werden wegen der Grünanlagen gelobt.

Wenig hilfreich sind Übersichten, wenn sie neben aktuellen auch ältere Angaben enthalten, denn die Immobilienpreise können sich schon innerhalb weniger Jahre deutlich verändern. Während sie insbesondere in vielen ländlichen Regionen seit Jahren sinken, steigen sie in begehrten Ballungsräumen. Amtliche Daten aus den Regionen fehlen. Für das Bundesgebiet meldet das Statistische Bundesamt von 2001 bis 2009 leicht fallende Preise für Häuser und Wohnungen aus zweiter Hand, 2010 erholten sie sich; neuere Angaben fehlen. Diese Werte passen zu den Meldungen des Immobilienportals immobilienscout24, das seit März 2007 – als Indiz für die erzielten Preise – die Preisforderungen für die bei ihm angebotenen Gebrauchtobjekte auswertet (siehe im Internet unter www.preisindex.immobilienscout24.de). Danach wurden im bundesweiten Durchschnitt von März 2007 bis September 2009 gebrauchte Häuser um etwa 4 Prozent, Eigentumswohnungen um rund 2 Prozent billiger. Dann stiegen die Preise bis Januar 2012 um 6 Prozent für Häuser bzw. 8 Prozent für Eigentumswohnungen. In den großen Ballungsräumen, vor allem in München und Hamburg, war der Aufwärtstrend noch deutlicher. Aber: Selbst wenn die örtlichen Preise im Schnitt steigen, fallen sie eventuell doch in einzelnen Bezirken. Und wenn sie in einer Stadt generell fallen, können sie in begehrten Lagen dennoch anziehen.

WIE EIGENTÜMER DEN MARKT SYSTEMATISCH ERKUNDEN

Preisangaben für aktuell angebotene Häuser und Eigentumswohnungen in der Nähe des eigenen Objekts liefern Annoncen in den Regionalzeitungen, aber viel besser noch die Immobilienmarktplätze im Internet. Wer bei diesen Portalen in die Welt der Häuser und Wohnungen als Kaufgesuch die Daten seiner eigenen Immobilie eingibt, erhält eine Liste halbwegs vergleichbarer Angebote aus seinem Ort bzw. Stadtteil. Diese Offerten enthalten meist ausführliche Beschreibungen sowie Bilder und Grundrisse, sodass der Interessent sie gut mit seinem Eigentum vergleichen kann.

Immobilienscout24.de, wo sich mit rund 4,7 Millionen Besuchern pro Monat die meisten Interessenten tummeln, und Immonet.de offerieren nach Schätzungen jeweils rund 500.000 zum Verkauf stehende Immobilien. Etwa 400.000 Verkaufsobjekte sind es wohl bei Immowelt.de. Offiziell nennen die Portale keine entsprechenden Zahlen.

Eine Sonderrolle spielt www.immozentral.com, wo Verkäufer kostenlos inserieren können. Hinzu kommen regional teils gewichtige Marktplätze, wie www.immowuerttemberg.de im Raum Stuttgart, www.athome.de in Rheinland-Pfalz und an der Saar oder www.kalaydo.de mit Schwerpunkt im Raum Köln und im Rhein-Main-Gebiet. Manche anderen Regionalportale zeigen nur eine Auswahl aus den großen Internetmarktplätzen, so kooperiert etwa www.meinestadt.de mit Immobilienscout24.

Metasuchmaschinen nutzen

Drei weitere Portale lohnen den Besuch: www.immobilo.de, www.nestoria.de und immobilien.trovit.de. Das sind Metasuchmaschinen, das heißt, sie nehmen nicht selbst Offerten an, sondern suchen selbstständig danach auf Internetseiten von Maklern sowie auf etlichen Marktplätzen. Damit präsentieren sie ein vielfältiges Angebot.

Wer die Angebote auf den Internetmarktplätzen und auf den Anzeigenseiten der Regionalzeitungen längere Zeit systematisch beobachtet, erhält ein Gefühl dafür, was die Preise von Immobilien bestimmt. Er sieht, welche Objekte schnell vom Markt verschwunden sind und offenbar mit ihrem Preis-Leistungs-Verhältnis die Interessenten überzeugt haben. Andere erweisen sich als Ladenhüter.

Marktforschung lohnt sich für den Eigentümer in jedem Fall

Während sich Eigentümer, die eine Immobilie verschenken oder vererben wollen, bei ihrer Marktforschung nur für die Preise interessieren, hat ein angehender Verkäufer noch ein weiteres Ziel: Er will sehen, was qualifizierte, engagierte Makler leisten bzw. wie Eigentümer vorgehen, die ihr Objekt ohne professionelle Hilfe anbieten. Deshalb sollten Verkaufswillige möglichst erst einige Monate lang Marktforschung betreiben, bevor sie einen Makler auswählen bzw. ihre Immobilie selbst ersten Interessenten vorstellen. Die Mühe hat sich gelohnt, wenn dann dank guter Vorbereitung des Verkaufs später einige Tausender mehr aufs Konto fließen.

WIE EINE VERLÄSSLICHE PREISSTUDIE ENTSTEHT

Ganz ohne Zeitungsanzeigen geht es nicht

So komfortabel die Suche im Internet ist, so gravierend ist ein Nachteil: Eine Offerte steht nur für begrenzte Zeit zum Aufruf bereit. Wer den Überblick behalten will, muss sie ausdrucken und sammeln. Entsprechend sollte ein Preisrechercheur die Zeitungsanzeigen vergleichbarer Objekte Woche für Woche ausschneiden und aufkleben. So erkennt er, wie lange eine Immobilie angeboten wird und ob dabei der geforderte Preis sinkt. Am besten werden die Angebote in einem Aktenordner abgeheftet, damit die Reihenfolge beim Blättern erhalten bleibt.

Alle wichtigen Fakten auf einen Blick hat, wer die entscheidenden Daten der Angebote in einer Tabelle mit folgenden Spalten zusammenfasst: Wohngebiet, Adresse, Grundstücksgröße, Wohnfläche, Baujahr, Preisforderung, Preis je Quadratmeter Wohnfläche, Besonderheiten. Mit den Daten des eigenen Objekts in der ersten Zeile lassen sich damit leicht Vergleiche ziehen, es entsteht innerhalb weniger Wochen eine aussagekräftige Marktstudie.

Tipp

Zeitungsanzeigen für Gebrauchtimmobilien informieren meist nur sehr knapp über die angebotene Immobilie. Bietet sie ein Makler an, finden sich auf dessen Internetseiten aber meist weitergehende Informationen. Andernfalls bleibt nur, beim Anbieter nachzufragen.

WARUM GUTE MAKLER VIELE FRAGEN STELLEN

Wer sich im Rahmen der Preisrecherche für sein eigenes Objekt an einen Makler wendet, sollte darauf gefasst sein, dass dieser bzw. seine Mitarbeiter möglichst viel über seine Wünsche und finanziellen Möglichkeiten erfahren wollen. Schließlich ist es ihr Ziel, ihm ein passendes Angebot zu unterbreiten. Anfrager, die nur den Markt erkunden wollen, sollten sich eine glaubhafte Geschichte zurechtlegen, warum sie sich für eine Immobilie interessieren – etwa weil ein Kollege oder Verwandter von außerhalb ein solches Objekt sucht.

Für alle Fälle: Maklerprofile anlegen

Ein Verkäufer, der nicht frühzeitig ausschließt, einen Makler zu beauftragen, erstellt vielleicht eine Liste der kontaktierten Vermittler und bewertet sie: Wer betreut Kunden intensiv, ohne sie zu nerven? Wer hat häufig Objekte im Angebot, die dem eigenen ähneln, weil er sich auf diese Art Immobilien – etwa Eigentumswohnungen, Villen oder Landhäuser – spezialisiert hat? Wer schaltet regelmäßig markante Zeitungsanzeigen und Internetofferten? Wer variiert dabei die Offerten pfiffig, damit Ladenhüter nicht sofort erkennbar sind? Wer liefert informative, ansprechende Exposés? Ein Eigentümer, der seine Immobilie einst in den Jahren des Booms erworben hat, wird sich wundern, wie intensiv heute viele Vermittler die Kunden umwerben. Als er gekauft hat, mussten Makler oft nur entscheiden, welchem der vielen Interessenten sie ein Objekt geben wollten.

Sicher ist es für den Makler nicht angenehm, wenn ein Eigentümer, der bald seine eigene Immobilie verkaufen will, sich als Kaufinteressent ausgibt. Aber wer offen erklärt, er treibe nur Marktforschung, wird kaum die nötigen Informationen erhalten. Der Rechercheur sollte jedoch bedenken: Er wird beim Verkauf vielleicht wieder auf die Makler treffen und dann fliegt seine Tarnung auf. Wenn er dann einen der Profis beauftragt, wird der kaum böse sein: Schließlich erhält er den Job, weil seine Arbeit überzeugte. Doch auch die übrigen Vermittler sollten nicht verärgert werden. Deshalb ist es fair und klug, wenn ein angeblicher Kaufinteressent den Maklern – wie auch Immobilieneignern, die privat anbieten – nicht unnötige Arbeit und Ausgaben zumutet. Insbesondere sollte er für anstehende Besichtigungen Termine akzeptieren, die gut in deren Zeitplan passen.

Fair bleiben und bei vorgetäuschtem Interesse den Maklern keine unnütze Arbeit machen

WARUM NUR BESICHTIGUNGEN KLARHEIT VERSCHAFFEN

Selbst die zahlreichen Bilder in einer Internetofferte oder auf einem anspruchsvoll gestalteten Informationsblatt können so gewählt sein, dass Probleme der Lage oder des Bauzustands verborgen bleiben. Dagegen lassen sich Schwachstellen gegenüber einem aufmerksamen Besucher kaum verbergen. Nach dem Ortstermin wird er aufschreiben, was er an Schwachstellen gefunden hat. Die Notizen ergänzen die werbenden Angaben des Maklers bzw. des Eigentümers. So erst kommen die Fakten zusammen, die einen Vergleich des Angebots mit der eigenen Immobilie ermöglichen.

Vor Ort lässt sich im Gespräch mit dem Verkäufer oder seinem Makler ermitteln, wie lange das Objekt schon angeboten wird und welche Nachlässe möglich erscheinen: Selten wird eine Immobilie zum geforderten Preis verkauft, zumal in Regionen mit großem Angebot. Welcher Verkaufspreis letztlich erzielt wird, erfährt aber – außer den Vertragspartnern, dem Notar und eventuell der finanzierenden Bank – nur eine Institution: der örtliche Gutachterausschuss.

WELCHE ANGABEN DER GUTACHTERAUSSCHUSS BIETET

Unterschiedliche Regelungen zur Weitergabe von Daten

In jedem Stadt- und Landkreis gibt es einen Gutachterausschuss für Grundstückswerte, für den die örtliche Verwaltung Immobiliensachverständige bestellt. Die Notare müssen ihnen laut Baugesetzbuch Kopien aller Immobilienkaufverträge zusenden. Wie die Geschäftsstellen, die meist bei der Verwaltung der Kreise bzw. der kreisfreien Städte oder im Katasteramt zu finden sind, die Daten aufbereiten und welche Informationen sie an Bürger weitergeben, ist je nach Bundesland und Gemeinde sehr unterschiedlich. Näheres klärt ein Anruf oder ein Besuch der Internetseiten, die sich über www.gutachterausschuesse-online.de oder die Web-Adresse der Stadt- bzw. Kreisverwaltung erreichen lassen.

Ihr jährlicher Grundstücksmarktbericht zeigt die Entwicklung auf und nennt diverse Rechengrößen für die Immobilienbewertung. In der Regel kann er in der Geschäftsstelle kostenlos eingesehen und für rund 40 Euro gekauft werden. Vielfach stellen die Ausschüsse aber auch wichtige Aussagen zum Trend sowie Richtwerte für Eigentumswohnungen ins Internet.

Ermittlung von Bodenrichtwerten

Abgesehen von Dörfern, für die zu wenige Daten vorliegen, ermitteln die Gutachterausschüsse stets Bodenrichtwerte je Quadratmeter unbebauten Grunds für einzelne Zonen ihres

Gebiets. Dabei unterstellen sie eine bestimmte Bebauungsmöglichkeit, ausgedrückt durch die Geschossflächenziffer (GFZ), die das Verhältnis von Grundstücksgröße und zulässiger Gebäudefläche angibt. Immobilieneigner können den Bodenrichtwert für die Zone erfragen, in der ihr Areal liegt. Mancherorts wird dafür eine Gebühr fällig.

Was unter dem Markt- oder Verkehrswert zu verstehen ist

Immobilienfachleute sprechen statt von Marktwert häufig von Verkehrswert, der laut § 194 Baugesetzbuch das Gleiche bedeutet: Es ist der am wahrscheinlichsten zu erzielende Preis, wenn das Objekt am Bewertungsstichtag verkauft würde – und zwar im gewöhnlichen Geschäftsverkehr. Das heißt, Verkäufer und Käufer stehen nicht in einem persönlichen Verhältnis zueinander, es handelt sich also nicht um einen Freundschaftspreis. Zudem handeln die Vertragsparteien umsichtig ohne Zwang und Zeitdruck und verfügen über genügend Sachkenntnis.

Natürlich herrschen am Immobilienmarkt selten so ideale Verhältnisse, wie sie die Definition fordert. Oft handelt ein Vertragspartner oder sogar beide unter Zeitnot, und längst nicht jeder Akteur verfügt über genug Informationen, ferner beeinflusst Verhandlungsgeschick die Preisbildung. Auch die Emotionen spielen eine Rolle: Mancher Käufer vernarrt sich in ein Haus und zahlt mehr, als angemessen ist, nur um es zu erlangen. Und etliche Verkäufer geben ihr bislang trautes Heim günstig an nette Menschen, damit es in gute Hände kommt.

So weicht der tatsächliche Verkaufserlös unvermeidlich vom Verkehrswert ab. Doch das darf veräußerungswillige Eigentümer nicht davon abhalten, ihn möglichst genau zu ermitteln.

Viele Gutachterausschüsse liefern weitere Angaben, die auch ein Laie direkt nutzen kann. Es lohnt sich immer, nachzufragen. So gibt es oft kostenlos oder gegen geringe Gebühr Informationen zum Niveau der Verkehrswerte von Eigentumswohnungen sowie Ein- und Zweifamilienhäusern – häufig vollautomatisch im Internet. Andere lassen Bürgeranfragen von Experten bearbeiten: So informiert der Düsseldorfer Gutachterausschuss per Brief über den üblichen Wert einer Wohnimmobilie und hat dazu das Stadtgebiet in 180 Preiszonen unterteilt. Gebühr: 28 Euro pro Auskunft samt Erläuterungen. Die Hamburger Experten liefern entsprechende Angaben am Telefon – je nach Dauer des Gesprächs – für rund 15 Euro.

01

WIE ANHAND VON RICHTWERTEN DER INDIVIDUELLE MARKTWERT ERMITTELT WIRD

Richtwert nicht mit Marktwert gleichsetzen

Richtwerte sind selbstverständlich nur Näherungswerte. Der Gutachterausschuss der Hansestadt Hamburg etwa hat seine Richtwerte mit den tatsächlich in den einzelnen Gebieten gezahlten Preisen verglichen. Fazit: Rund 30 Prozent der Abschlüsse wichen um mehr als 20 Prozent nach oben oder unten ab. Das zeigt, dass solche Richtwerte nicht mit dem Marktwert eines einzelnen Objekts gleichgesetzt werden dürfen. Dies schreiben auch die Experten der Gutachterausschüsse – und ebenso die Verfasser der diversen Preisstudien – in ihren Erläuterungen.

Die Gründe für die Abweichungen kann man am Beispiel der Bodenrichtwerte verdeutlichen: Schon in einer Straße unterscheiden sich die Preise für Baugrund, etwa wenn die Parzellen unterschiedlich günstig zur Sonne liegen oder vielleicht einige mit ihrer Rückfront an ein Gewerbegebiet grenzen, andere an einen Park.

Anpassungen sind fällig, wenn das zu bewertende Grundstück zum Beispiel dichter bebaut werden darf, als es beim Bodenrichtwert angegeben wird. Bei bebauten Grundstücken kommen Auf- bzw. Abschläge hinzu, wenn sich der Zustand oder die Ausstattung des eigenen Objekts vom Modellhaus der jeweiligen Erhebung unterscheiden.

Preise für ausgefallene Immobilien schwer zu kalkulieren

Am sichersten sind die Erlöse bei üblichen Eigentumswohnungen und Reihenhäusern vorauszusagen: Da gibt es recht viele Kaufdaten vergleichbarer Objekte. Je ungewöhnlicher eine Immobilie ist, umso stärker kann der erzielte Preis von der Prognose abweichen. Der Markterfolg hängt wesentlich davon ab, ob sich ein Kunde findet, der genau eine solche Immobilie wünscht, oder nur einer, der die Besonderheiten hinnimmt, wenn er das Objekt günstig erlangen kann.

Tipp

Wer die Mühe einer eigenen Preisstudie scheut, nicht genug Zeit hat oder vernünftigerweise sein Ergebnis absichern will, kann ein Gutachten in Auftrag geben. Das bietet sich ohnehin für die Eigentümer an, die den Marktwert einer Immobilie wissen wollen, um ihr Vermögen per Schenkung bzw. Testament ihren Wünschen entsprechend auf mehrere Begünstigte zu verteilen.

Die Beispiele zeigen: Wer Zu- und Abschläge richtig bemessen will, muss das Immobilienangebot genau kennen und wissen, welche Merkmale die Nachfrager honorieren. Ansatzweise kann auch ein Laie solches Know-how erwerben, wenn er den Markt einige Monate intensiv beobachtet und etliche angebotene Objekte besichtigt, die seinem ähneln, (siehe Seite 18). Jeder Monat Marktforschung bringt neue Erkenntnisse, nach etwa einem halben Jahr rundet sich das Bild ab.

Die Sachverständigen orientieren sich bei ihrer Arbeit an der Immobilienwertermittlungsverordnung (ImmoWertV), die seit Juli 2010 ähnliche ältere Regelungen ersetzt. Sie gibt an, wie der Verkehrswert einer Immobilie zu berechnen ist, wenn staatliche Stellen dazu den Auftrag erteilen. Entsprechend gehen jedoch meist auch Gutachter vor, wenn sie für Privatleute tätig werden. Drei Verfahren, deren Grundprinzipien hier dargestellt werden, stehen zur Wahl:

- **Vergleichswertverfahren.** Der Gutachter stuft die zu bewertende Immobilie anhand von Objekten ein, deren Eigenschaften und Verkaufspreis er kennt. Das gelingt gut bei Eigentumswohnungen, weil es für sie in der Regel genügend Vergleichsfälle gibt. Eventuell gilt das auch für Reihenhäuser.
- **Sachwertverfahren.** Zum Wert des Grundstücks addiert der Gutachter den Gebäudewert, den er mithilfe standardisierter Neubaukosten sowie Altersabschlägen und et-

waigen Modernisierungszuschlägen errechnet. Für Einfamilienhäuser, die oft nur schwer miteinander vergleichbar sind, nutzen die Gutachter vor allem dieses Verfahren, wobei sie das Resultat noch mit Korrekturfaktoren an die örtliche Marktlage anpassen.

- **Ertragswertverfahren.** Zunächst wird der Jahresreinertrag der Immobilie errechnet, also nachhaltig erzielbare Mieten minus Kostenpauschalen für Instandhaltung, Verwaltung und etwaige Mietausfälle. Im zweiten Schritt wird der Grundstückswert ermittelt und bestimmt, welche Verzinsung dafür angemessen ist. Wenn man diese Bodenwertverzinsung vom Reinertrag abzieht, bleibt der Gebäudeertragsanteil. Mithilfe von Tabellen berechnet der Gutachter nun, wie viel ein Gebäude wert ist, das diesen Ertrag liefert. Dabei spielt die bei solchen Immobilien marktübliche Rendite und die voraussichtliche Restnutzungsdauer des Objekts eine Rolle. Bodenwert plus Gebäudeertragswert ergeben den Gesamtertragswert. Und wenn man dann noch etwa Beträge für fällige Reparaturen abzieht, ist das Ziel erreicht: der Verkehrswert. Das Ertragswertverfahren wird immer bei Mietobjekten eingesetzt, denn deren Käufern kommt es primär auf die Rendite an, oft auch bei Eigentumswohnungen, weil diese häufig vermietet werden.

Bei allen Verfahren greifen die Gutachter auf die Zahlenreihen und Tabellen zurück, welche die Gutachterausschüsse anhand der Verkaufsfälle der vergangenen Jahre ermitteln (siehe Seite 19). Weitere Rechenfaktoren enthalten die Anhänge der staatlichen Wertermittlungsrichtlinie (WertR).

Unterschiedliche Ergebnisse der verschiedenen Verfahren

Fazit: Die drei Bewertungsverfahren geben einen Ablauf vor. Welche Zu- und Abschläge, Korrekturfaktoren oder Renditekennziffern der Gutachter im Einzelfall einsetzt und wie er letztlich den Verkehrswert ableitet, bestimmt er aufgrund seiner Erfahrung. Der Verkehrswert selbst genutzter Immobilien liegt in der Regel über dem Ertragswert, weil deren Käufer zahlungsbereiter sind als kühl rechnende Investoren. Dagegen übersteigt der Sachwert vor entsprechenden Korrekturen häufig den Verkehrswert, weil Käufer oft nicht alle teuren Baudetails honorieren.

Die Bestimmung des Ertragswerts nach der ImmoWertV ist aufwendig, daher bestimmen Makler den Wert eines Mietobjekts überschlägig nach einer einfachen Formel: Verkehrswert = Grundmiete x Vervielfacher. Der Vervielfacher ist ein Erfahrungswert, der von der Lage und dem Bauzustand abhängt.

WAS IMMOBILIENBEWERTUNGEN PER INTERNET LEISTEN

Schöne neue Internetwelt: einfach ein Programm zur Wertermittlung aufrufen, die Adresse der Immobilie sowie einige weitere Angaben eintippen – und nicht vergessen, das Konto zu nennen, von dem die Gebühr abgebucht werden soll. Mehr braucht der Auftraggeber nicht zu tun. Wie aus diesen Eingaben der Immobilienwert ermittelt wird, soll anhand zweier führender Anbieter und ihrer unterschiedlichen Methoden dargestellt werden.

Oft nur pauschale Angaben gefragt

www.immobilienwert24.de, nach Methode Dr. Barzel, verspricht einen »standortgenauen Richtwert«. Die Kalkulation orientiert sich bei Eigentumswohnungen und Mehrfamilienhäusern am Ertragswertverfahren (siehe Seite 22). Für Ein- und Zweifamilienhäuser kommt ein Sachwertverfahren zum Einsatz. Die zu beiden Methoden benötigten Bodenrichtwerte (siehe Seite 19) sind für fast alle Straßen Deutschlands in der Datenbank gespeichert. Dann braucht der Kunde nur noch anzuklicken, ob es Bus- und Bahnanschluss, Fachhandel und Supermarkt, Kindergarten, Schulen sowie Sportstätten und Kultur gibt – doch die Frage, wie weit es vom Objekt dorthin ist, fehlt. Es wird pauschal nach dem Jahr der letzten aufwendigen Sanierung gefragt, ohne dass erklärt wird, was damit gemeint ist. Der Nutzer kann darunter eine Kernsanierung oder etwa nur den Austausch des Heizkessels verstehen.

Sofort nach der letzten Eingabe erhält der Kunde das Resultat: Eine Seite mit seinen Angaben, eine weitere mit den berechneten Einzelwerten, die sich zum Richtwert addieren. Dafür werden ihm 39 Euro abgebucht. Ohne Zusatzkosten kann er beliebig viele Varianten rechnen, also zum Beispiel schauen, wie eine Änderung der Ausstattung den ermittelten Wert beeinflusst. Gegen 20 Euro Aufpreis gibt es die Bewertung hochwertig gedruckt und nun vier Seiten lang in einer Präsentationsmappe mit Siegel und Unterschrift.

Vorsicht

Auch wenn ein Online-Gutachten mit Siegel und Unterschrift verziert wird, darf das nicht darüber hinwegtäuschen, dass es stark von den grob abgestuften, subjektiven Angaben des Auftraggebers zum Objekt bestimmt wird.

www.immobilienscout24.de präsentiert auf der Startseite seines Internet-Marktplatzes in der Rubrik „Immobilienbewertung" ein eigenes Verfahren, das recht realistisch beschrieben wird: Es sei sinnvoll für Interessenten, die „sich nur mal erkundigen wollen". Die Berechnungen böten auch „einen guten Ausgangspunkt für sachliche Diskussionen" über ein Objekt, dessen „spezielle Besonderheiten nur eingeschränkt berücksichtigt werden" könnten. Das System nutzt ein Vergleichswertverfahren (siehe Seite 22) auf Basis der Häuser bzw. Eigentumswohnungen, die auf den Internetseiten von Immobilienscout24 feilgeboten werden. Eine große Zahl von Fällen wurde statistisch analysiert: Welchen Einfluss auf den Preis besitzen etwa die jeweilige Lage, der Haustyp, das Baujahr sowie einige wichtige Ausstattungsmerkmale oder Modernisierungsmaßnahmen? Mit den dabei gewonnenen Faktoren kalkuliert das Programm nun zum Beispiel den Wert für ein kleines, unrenoviertes Einfamilienhaus, auch wenn alle im Umkreis zum Vergleich verfügbaren Häuser größer und hochwertig saniert sind. Die Qualität der so zu bewertenden Immobilie erfasst der Kunde im Fragebogen recht präzise und detailliert. Ein Begleittext erläutert, was zum Beispiel unter hochwertigem Mauerwerk oder einer einfachen Elektroaus-

Statistische Analyse

stattung zu verstehen ist. Für die wichtigen Gebäudeteile wird einzeln erhoben, in welchem Jahr sie modernisiert wurden.

Sind alle diese Angaben im Internet eingetippt, berechnet das Programm für 29,90 Euro sofort einen »durchschnittlichen Marktwert« und eine Wertspanne. Wer schauen will, wie eine andere Ausstattung den Wert verändert, kann zwei Varianten gratis berechnen lassen. Die jeweilige Wertspanne ist so bemessen, dass der tatsächliche Marktwert des Objekts mit – vereinfacht – wohl fast 70 Prozent Wahrscheinlichkeit innerhalb dieser Spanne liegt. Wenn es viele ähnliche Fälle gibt, wie bei Eigentumswohnungen in Ballungsräumen, lassen sich diese recht sicher bewerten, die Wertspanne wird schmal. Bei Einfamilienhäusern, deren Werte wegen ihrer individuellen Gestaltung stark differiert, fällt die Spanne größer aus, die Aussage wird vage. Da der Kunde nicht erfährt, wie stark das Programm einzelne Preisbestimmungsfaktoren gewichtet, kann er nicht beurteilen, ob der Verkehrswert seiner Immobilie eher im oberen oder unteren Bereich der Wertspanne liegt.

Wertspanne nur bei vielen Vergleichsfällen aussagekräftig

Fazit: Hat ein Eigentümer keine Ahnung vom Wert seiner Immobilie, liefert das Immobilienscout-System einen Anhaltspunkt. Doch reicht ein Onlinegutachten kaum aus, um den Angebotspreis für einen Verkauf festzulegen oder einen Nachlass gerecht zu verteilen.

AUF WESSEN WERTERMITTLUNG VERLASS IST

Lage, Lage, Lage – so benennt eine alte Maklerweisheit die drei wichtigsten Kriterien, die den Wert eines Hauses oder einer Eigentumswohnung bestimmen. Entsprechend muss ein Sachverständiger, der Wertgutachten erstellt, mit dem örtlichen Markt für Wohnimmobilien vertraut sein. Zudem sollte er die typischen Schwächen einzelner Bauepochen und die durchschnittliche Haltbarkeit von Bauteilen kennen, um bei der Besichtigung – unverzichtbar für jede solide Immobilienbewertung – an kritischen Stellen besonders darauf zu achten, ob Schäden vorliegen. Er wird dann auch die Kosten einer Sanierung und Modernisierung verlässlich schätzen können, die bei der Verkehrswertermittlung zu berücksichtigen sind. Allerdings: Beim Wertgutachten erfasst der Experte nur sichtbare Schäden und Altlasten, er fahndet nicht nach verborgenen Problemen.

WELCHE GUTACHTER QUALIFIZIERT SIND

Vor der Auswahl des Sachverständigen genau das Profil studieren

Besonders in Ballungsgebieten hat der Auftraggeber die Qual der Wahl unter zahlreichen Experten. Ein Kriterium kann die Adresse des Gutachters sein: Liegt sein Büro oder seine Wohnung in der Nähe, wird er sich vermutlich in der Gegend gut auskennen. Zudem liefern die Internetseiten der Sachverständigen, auf denen sie vielfach ihre Spezialgebiete vorstellen, wichtige Auswahlkriterien: Wer sich primär mit Gewerbebauten befasst oder vor allem für Banken und Fonds Großprojekte analysiert, kommt für ein Eigenheim kaum infrage. Mancher bewertet auch nur im Nebenjob, während er ansonsten zum Beispiel als Architekt vor allem Neubauten plant oder als Ingenieur Gutachten zum Schallschutz erstellt.

Tipp

Beim ersten Kontakt sollten sich Auftraggeber jedenfalls vergewissern, dass sich der angesprochene Sachverständige tatsächlich intensiv mit dem örtlichen Markt für Wohnimmobilien befasst. Er sollte auch die Immobilie persönlich in Augenschein nehmen, statt nur im Büro das Gutachten zu erstellen, nachdem ein Mitarbeiter beim Hausbesuch die nötigen Informationen gesammelt hat. Solche Arbeitsteilung kann zu Ungenauigkeiten und Missverständnissen führen. Auftraggeber, die einen guten Draht zu ihrer Bank oder Sparkasse haben, können dort nach einem Gutachter fragen, mit dem das Kreditinstitut zusammenarbeitet. Sie sollten diesem Experten aber deutlich machen, dass er für sie den Verkehrswert bestimmen soll und nicht den geringeren Beleihungswert, der die Banken interessiert.

Hohes Ansehen genießt eine Bewertung durch den örtlichen Gutachterausschuss (GA). An jedem seiner Gutachten, die stets den Vorgaben der ImmoWertV (siehe Seite 22) entsprechen, wirken in der Regel drei Experten mit. Vor Gericht haben GA-

Bewertungen großen Einfluss, allerdings sind Richter nicht verpflichtet, den GA-Zahlen oder irgendeinem anderen Gutachten, das die Streitparteien präsentieren, zu folgen. Selbst Gerichte beauftragen aber in aller Regel nicht den GA, um eine Immobilie zu taxieren, sondern einen öffentlich bestellten und vereidigten (abgekürzt: öbuv) Sachverständigen für Grundstücksbewertung. In diesen Kreis berufen die regionale Industrie- und Handelskammer (IHK) oder die Landesarchitekten- bzw. Ingenieurkammer nur Fachleute mit Erfahrung. Zudem legen diese eine Prüfung ab und leisten einen Eid, objektiv zu bewerten. Die bekannte Bezeichnung öffentlich bestellter und vereidigter Sachverständiger und das Dienstsiegel sorgen dafür, dass auch der Laie einem von ihnen berechneten Verkehrswert besonderes Vertrauen entgegenbringt. Deshalb können ihre Gutachten einem Eigentümer am besten helfen, bei Verkaufsverhandlungen einen angemessenen Preis durchzusetzen. So kann es lohnen, einen öbuv-Experten zu beauftragen, auch wenn er mehr Honorar verlangt als andere Fachleute. Adressen von öbuv-Sachverständigen nennt die IHK; zudem stehen sie im Internet unter www.svv.ihk.de.

Öffentlich bestellter und vereidigter Sachverständiger

Ebenfalls als qualifiziert gilt eine recht neue Expertengruppe: Sachverständige mit einem Zertifikat für Immobilienbewertung nach Europanorm EN 17024. Das verleihen seit 1994 behördlich registrierte Institute, die einschlägige Lehrgänge anbieten – etwa das Institut für Sachverständigenwesen in Köln (www.ifsforum.de) oder die Sprengnetter GmbH in Sinzig (www.sprengnetter.de), die beide auch Adressen der von ihnen geprüften Sachverständigen veröffentlichen. Die Qualifikation der zertifizierten Sachverständigen ist unterschiedlich, je nachdem, wie umfangreich sie sich in Kursen aus- und fortbilden ließen. Auch sind die Prüfungsanforderungen europaweit je nach Ausbildungsinstitut und Land unterschiedlich.

Sachverständige mit Zertifikat nach Europanorm

Experten, die weder ein Zertifikat erworben haben noch öffentlich bestellt wurden, haben als freie Sachverständige ein

Problem: Weil die Bezeichnungen »Sachverständiger« und »Gutachter« nicht geschützt sind, können sich auch Scharlatane damit schmücken. Selbst die Mitgliedschaft in einem der zahlreichen Berufsverbände bürgt nicht unbedingt für fundierte Kenntnisse, da etliche bei der Aufnahme nur minimale Anforderungen stellen. Recht anspruchsvoll ist der Bundesverband Deutscher Grundstückssachverständiger (BDGS). Der Bundesverband öffentlich bestellter und vereidigter sowie qualifizierter Sachverständiger e. V. (BVS) nimmt im Immobilienbereich ohnehin nur öbuv-Bewertungsexperten auf.

Nicht geschützte Bezeichnungen

Die großen Prüfkonzerne bewerten mittlerweile ebenfalls Eigenheime und Eigentumswohnungen: TÜV Süd und Dekra bundesweit, TÜV Nord immerhin in Nordrhein-Westfalen und Norddeutschland. Hier sollte der Eigentümer vor der Auftragsvergabe nach der Qualifikation des für ihn zuständigen Gutachters fragen. Auch ein erfahrener Makler besitzt sicherlich die nötige Erfahrung, schließlich gehört es zu seinen Kernaufgaben, angemessene Angebotspreise festzulegen. Etliche erstellen gegen Honorar auch Bewertungsgutachten für Immobilieneigner, die nicht verkaufen wollen. Manche Makler sind ohnehin öbuv-Experten oder besitzen ein EU-Zertifikat.

WAS AUFTRAGGEBER MIT DEM GUTACHTER REGELN MÜSSEN

Hat der Auftraggeber den Sachverständigen seines Vertrauens gefunden, sollte er mit ihm die gewünschte Leistung und das dafür fällige Entgelt festlegen. Durch Landesgesetze geregelt sind die Gebühren der Gutachterausschüsse. Mit allen sonstigen Sachverständigen kann der Auftraggeber das Honorar frei aushandeln. Denn die seit September 2009 geltende Honorarordnung für Architekten und Ingenieure (HOAI) macht – anders als ältere Versionen – für die Immobilienbewertung keine Vorgaben mehr. Zumal die etablierten Gutachter orientieren ihre Forderungen allerdings unverändert an der alten

Keine verbindliche Honorarordnung

HOAI, wenn sie ein umfassendes Verkehrswertgutachten erstellen. Das hat Gewicht: Die Angaben für ein Eigenheim füllen samt Fotos, Grundrissen und Lageplänen oft rund 50 Seiten. Dabei erfasst der Fachmann alle wertbildenden Faktoren und begründet das genutzte Verfahren sowie die sich ergebenden Größen. Wichtig für Eigentümer, die das Werk beim Verkauf nutzen wollen: Es werden alle Schäden aufgeführt, die der Gutachter bei seiner Berechnung berücksichtigt hat. Kaufanwärter können also dafür schlecht noch einmal Nachlässe verlangen. Deutlich weniger Kriterien berücksichtigen Kurzgutachten, wie sie schon für einige Hundert Euro angeboten werden.

Welche Unterlagen ein Gutachter benötigt

Ein umfassendes Verkehrswertgutachten basiert auf:

- der Flurkarte (auch Liegenschaftskarte genannt, erhältlich im Katasteramt),
- einem aktuellen Grundbuchauszug (vom Grundbuchamt im Amtsgericht),
- einem aktuellen Auszug aus dem Baulastenverzeichnis des Bauamts, in dem gegebenenfalls besondere Verpflichtungen verzeichnet sind, zum Beispiel Zufahrts- und Abstandsflächen zum Nachbarn (entfällt in Bayern und Brandenburg, da dort im Grundbuch enthalten),
- den Bauzeichnungen mit Maßangaben,
- der Baubeschreibung,
- der Baugenehmigung,
- den Wohn- und Nutzflächenangaben,
- gegebenenfalls den Verträgen über Nießbrauch, Wohn-, Erbbau- und sonstige Rechte, die das Grundstück betreffen,
- Bewirtschaftungskosten, insbesondere Heizkosten,
- bei vermieteten Objekten Mietverträge,
- bei Eigentumswohnungen zusätzlich Teilungserklärung und Aufteilungsplan.

Mehraufwand für Sachverständige

Muss ein öbuv-Sachverständiger selbst amtliche Unterlagen beschaffen oder das Gebäude vermessen, weil keine verlässlichen Pläne und Baubeschreibungen vorliegen, berechnet er dafür inklusive Mehrwertsteuer in Ostdeutschland meist rund 100 Euro pro Stunde bzw. um 130 Euro in westdeutschen Ballungsräumen. Mehraufwand verursacht es auch, wenn eine Liegenschaft mit einer Leibrente bzw. einem Wohnrecht (auch: Wohnungsrecht) belastet ist oder etwa ein Nachbar dank eines Wegerechts über das Areal fahren darf. Da muss der Gutachter kalkulieren, wie stark dadurch der Wert des Grundstücks sinkt. Einen Sonderfall stellen ferner Erbbaurechte dar.

Fazit: Es sind klare Absprachen darüber nötig, wie viel Geld der Gutachter für welche Leistung erhält – und welcher Betrag bei welchen Zusatzleistungen hinzukommt.

Was ein umfassendes Verkehrswertgutachten kostet

Leistung und Preis sind grundsätzlich Verhandlungssache. Sachverständige orientieren sich dabei an der bis September 2009 geltenden Honorarordnung für Architekten und Ingenieure (HOAI) – oder an daran angelehnten Empfehlungen von Verbänden. Als Beispiel hier die Angaben des Bundesverbands öffentlich bestellter und vereidigter sowie qualifizierter Sachverständiger e. V. Aufpreise, etwa für Fahrtkosten oder besondere Schwierigkeiten, sind üblich.

Verkehrswert	Honorar	Verkehrswert	Honorar
100.000	893	500.000	2.142
150.000	1.154	750.000	2.499
200.000	1.428	1.000.000	2.856
300.000	1.726	1.250.000	3.213
400.000	1.964	1.500.000	3.451

Verkehrswert in Euro; Honorare in Euro inklusive Mehrwertsteuer.

02 EINE IMMOBILIE VERKAUFEN: ERFOLGSKURS

Ein Verkäufer muss eine Menge Fragen klären, mit denen er bislang noch nie befasst war. Kassiert etwa das Finanzamt beim Verkauf mit? Wie mache ich meine Immobilie fit für den Verkauf? Wie gehe ich am Besten vor, wenn ich mein Objekt selbst vermarkten will und welche Fachleute können mir helfen? Oder soll ich lieber einen Makler beauftragen – doch wie finde ich einen seriösen, engagierten Fachmann? Und was ist schließlich beim Notarvertrag zu beachten?

Etwa die Hälfte aller Gebrauchtimmobilien wird ohne Hilfe eines Maklers verkauft. Wer ebenfalls privat anbieten will, sollte sich intensiv mit seinem Haus bzw. seiner Eigentumswohnung und den Marktgepflogenheiten befassen. Nur mit entsprechender Vorbereitung wird in angemessener Zeit ein guter Preis zu erzielen sein. Die Vorarbeiten verzögern zwar den Verkaufsstart, aber das wird dadurch wettgemacht, dass die Immobilie dann von Anfang an überzeugt. Denn wer sein Auto verkaufen will, bessert schließlich auch zuerst Lackschäden aus und poliert das Gefährt auf Hochglanz – und da geht es längst nicht um so viel Geld.

Der erste Eindruck ist der wichtigste

Auch wer sicher ist, dass er einen Makler einschalten wird, sollte sich Gedanken über sein Objekt und die Vermarktung machen und dem Vermittler schon beim ersten Ortstermin die Immobilie optimal präsentieren – damit er deren wirklichen Wert erkennt, eine dem entsprechende Preisforderung festlegt und hoch motiviert die Kaufinteressenten für das Objekt begeistert.

Ob mit oder ohne professionelle Hilfe: In der Verkaufsphase muss der Eigentümer das Ruder in der Hand halten, um den besten Preis zu erzielen und die Absprachen im Notarvertrag sicher zu fixieren. Doch zunächst gilt es, Steuerfallen zu vermeiden. Die Grunderwerbsteuer betrifft einen Verkäufer weniger, weil sie in aller Regel von den Käufern gezahlt wird. Er kann den neuen Eigentümern aber mit vernünftigen Absprachen helfen, etliche Hunderter zu sparen. Bei Geschäften unter engen Verwandten entfällt die Grunderwerbsteuer ohnehin oft (siehe Seite 47). So entscheidet letztlich die Einkommensteuer, wie viel vom Erlös dem Alteigner unterm Strich bleibt. Wichtig: Die folgenden Abschnitte schildern die Sachverhalte allgemein, im konkreten Fall muss ein Steuerberater die verlässlichen Informationen liefern.

WANN VERKÄUFER EINKOMMENSTEUER ZAHLEN MÜSSEN

Für Gewinne aus Immobiliengeschäften interessiert sich das Finanzamt lebhaft – und ihm entgeht nichts: Notare müssen jeden Vertrag melden, der Eigentum an einem Grundstück oder ein Erbbaurecht verschafft. Besonders hart kann es Eigentümer treffen, die innerhalb kurzer Zeit mehrere Immobilien kaufen und verkaufen (siehe Seite 46). Aber es gibt zwei wichtige Ausnahmen: Der Fiskus fordert keinen Anteil am Veräußerungserfolg, wenn

- das Haus bzw. die Wohnung selbst bewohnt oder
- das Grundstück länger als zehn Jahre im privaten Eigentum gehalten wurde, also nicht zu einem Betriebsvermögen gehörte.

Günstig für alle, die ihre Immobilie durch Erbschaft oder Schenkung erlangt haben und verkaufen: Für sie zählt die Zeit mit, in der das Objekt vom Vorbesitzer selbst zum Wohnen bzw. etwa zum Vermieten genutzt wurde. Der Verkäufer tritt also in die Fußstapfen dessen, der ihm die Immobilie vererbt oder geschenkt hat. Stets kommt es jedoch darauf an, wie die Gesetze und Verordnungen die Sachverhalte regeln. Da gibt es manch böse Überraschung. Im Folgenden wird deshalb im Detail dargestellt, wann ein Veräußerungsgewinn steuerfrei bleibt.

Verluste werden steuerlich berücksichtigt

In allen Fällen, in denen ein Gewinn versteuert werden muss, wird ein entsprechender Verlust ebenfalls steuerlich berücksichtigt. Das wird aber auf den folgenden Seiten nicht jedes Mal beschrieben, um den Text kurz und einfach zu halten. Ohnehin können diese Verluste nur mit Gewinnen aus einem Immobiliengeschäft, das der Bürger im selben oder im vorigen Jahr erzielt hat bzw. in den Folgejahren erzielen wird, steuermindernd verrechnet werden (siehe Seite 39).

WELCHER WOHNRAUM LAUT STEUERRECHT ALS SELBST GENUTZT GILT

Wer eine Immobilie noch nicht zehn Jahre zum Eigentum hat, kassiert einen Veräußerungsgewinn nur dann einkommensteuerfrei, wenn er seine Wohnung oder das Haus vor dem Verkauf selbst bewohnt hat – und zwar ununterbrochen

- im Jahr des Verkaufs und in den beiden Vorjahren bzw.
- ab Erwerb oder Fertigstellung, falls das später war als im zweiten Jahr vor dem Verkauf.

Wird der Verkauf bei einem Notar im Januar 2011 besiegelt, müsste die Immobilie zumindest seit Dezember 2009 selbst bewohnt worden sein. Davor kann sie beliebig lange vermietet gewesen sein. Wurde sie aber erst 2010 gekauft, müsste sie von der Übernahme bis zum Verkauf im Jahr 2011 ständig selbst genutzt worden sein. Es kommt dann nicht auf die Dauer der Eigennutzung an. Wichtig ist nur, dass die Immobilie ununterbrochen selbst bewohnt wurde (§ 23 Abs. 1 Nr. 1 S. 3 EStG).

Vorsicht

Ärgerlich: Die Steuerbefreiung wegen Eigenutzung entfällt, wenn eine Wohnung oder ein Haus zwar über Jahre selbst genutzt, aber vor dem Verkauf noch für einige Zeit vermietet wurde. Das Finanzamt prüft sogar einen Leerstand: Der Eigentümer muss seine Verkaufsbemühungen belegen können. Versuchte er dagegen, in dieser Zeit zu vermieten, entfällt die Steuerbefreiung für Selbstnutzer.

Wer ein Grundstück erbt oder geschenkt bekommt, erhält die Zeiten, die es der Vorbesitzer selbst genutzt hat, vom Finanzamt angerechnet. Sind damit die oben genannten Fristen erfüllt, kann er sofort verkaufen, ohne Veräußerungsgewinne versteuern zu müssen (siehe Seite 42). Fehlen noch Monate, kann er das Objekt gegebenenfalls für die fehlende Zeit selbst nutzen.

Zweitwohnung. Steuerfrei bleibt – falls alle Bedingungen erfüllt werden – nicht nur der Gewinn aus der Veräußerung des Hauptwohnsitzes, sondern gegebenenfalls auch weiterer selbst genutzter Immobilien in Deutschland. Das kann Wohnraum am entfernt liegenden Arbeitsort oder auch ein Feriendomizil sein, falls dieses baurechtlich als Dauerwohnsitz dienen könnte und in den entscheidenden Jahren vor dem Verkauf nicht an Gäste vermietet wurde. Allerdings kostet auch hier schon eine vergebliche Suche nach Mietern – etwa über eine Agentur – den Selbstnutzervorteil.

Kinderprivileg. Als selbst genutzt gilt auch Wohnraum, den Eltern ihren unterhaltsberechtigten Kindern etwa während der Ausbildung unentgeltlich überlassen, soweit diese nicht älter als 25 Jahre alt sind. Zahlen sie jedoch – wie bei Steuersparmodellen üblich – den Eltern Miete, gilt das Objekt nicht als selbst genutzt. Ohnehin greift der Fiskus zu, wenn eine Wohnung anderen Angehörigen unentgeltlich zur Verfügung gestellt wird, etwa den betagten Eltern des Eigentümers, auch wenn diese unterhaltsberechtigt sein sollten.

Vorsicht

Wurde in den vergangenen zwei Jahren ein Arbeitszimmer in der Wohnung ganz oder teilweise steuerlich abgesetzt, unterliegt der diesem Raum entsprechende Teil des Verkaufsgewinns der Besteuerung (siehe Seite 41).

Gemischt genutzte Objekte. Bewohnt der Verkäufer nur einen Teil der verkauften Immobilie, also zum Beispiel eine Wohnung in einem Mehrfamilienhaus, wird der Veräußerungsgewinn im Verhältnis der Wohnflächen aufgeteilt: Der Gewinn, der auf den vermieteten Teil entfällt, muss versteuert werden.

WIE SCHEIDUNGSWILLIGE EHEPARTNER STEUERN VERMEIDEN

Eine Ehekrise kann teuer werden, wie ein Beispiel zeigt:

Dem Ehemann gehört seit dem Jahr 2005 die Wohnung, die das Paar gemeinsam nutzte, bis er 2008 im Streit auszog. Später kommt es zur Scheidung. Im Rahmen des Zugewinnausgleichs, bei dem noch weiteres Vermögen zu berücksichtigen war, übereignet er seiner Ex-Partnerin die Wohnung, die seit 2005 an Wert gewonnen hatte. Das Finanzamt behandelt solche Fälle wie einen Verkauf und forderte seinen Anteil, weil der Alteigner die Immobilie zuletzt nicht mehr selbst bewohnt hatte. Sinngemäß gilt das Gleiche, wenn der Mann nur eine ideelle Hälfte der Wohnung besitzt und diesen Anteil der Frau übereignet.

Steuerfrei wäre der Veräußerungsgewinn im Beispiel nur geblieben, wenn ein Kind, für das der Mann unterhaltspflichtig ist, mit der Ex-Partnerin in der Wohnung leben würde: Dann hätte sich das im vorigen Abschnitt beschriebene Kinderprivileg ausgewirkt.

Ohnehin wäre Steuer fällig, wenn der Mann im Beispiel nicht die ehedem gemeinsame Wohnung übereignen würde, sondern eine vermietete Immobilie, die ihm noch nicht zehn Jahre gehört und seit dem Kauf im Wert gestiegen ist.

Fazit: Falls nennenswerte Immobiliengewinne zu versteuern wären, sollten Ehepaare durch Schenkung den Zugewinn ausgleichen, solange zumindest die Finanzbeamten noch davon ausgehen können, dass die Ehe fortbesteht – also bevor die Scheidung beantragt wird.

Großzügiger als bei der Einkommensteuer behandelt das Finanzamt Immobilientransfers zwischen Geschiedenen bei der Grunderwerbsteuer (siehe Seite 46).

WANN VERKAUFSERLÖSE GENERELL STEUERFREI BLEIBEN

Wird eine Immobilie nicht selbst genutzt, ist Geduld nötig: Steuerfrei bleibt dann ein Veräußerungsgewinn erst, wenn die Immobilie zehn Jahre im Privatbesitz war – gleich, ob sie vermietet oder sonst wie genutzt wurde. Entscheidend sind die Notartermine. Wer zum Beispiel am 12. Oktober 2003 gekauft hat, genießt die Steuerfreiheit, wenn er den Verkaufsvertrag frühestens am 13. Oktober 2013 unterzeichnet. Der Zeitpunkt, zu dem die Nutzung übergeht oder das Grundbuch geändert wurde, spielt hier keine Rolle. Wird ein unbebautes Grundstück erworben und erst Jahre später bebaut, bleibt der Wertzuwachs von Boden und Haus steuerfrei, wenn die Liegenschaft frühestens zehn Jahre nach dem Erwerb des Grundstücks verkauft wird.

Notartermine entscheiden über Berechnung der Frist für Privatbesitz

Unterschiedliche Fristen für ein und dasselbe Objekt

Bei Immobilien, die geerbt oder per Schenkung unentgeltlich erworben werden, beginnt die Zehn-Jahres-Frist mit dem Erwerb durch den Vorbesitzer. Diese Regelung gilt auch, wenn der Vorbesitzer etwa ein Wohnrecht oder den Nießbrauch behält. Aber wenn der Beschenkte etwa Grundschulden übernimmt oder sich zum Beispiel zu Zahlungen an den Alteigner bzw. Dritte verpflichtet, gilt die Übernahme der Immobilie in Höhe dieser Belastungen quasi als Kauf. Für diesen Bruchteil des Objekts beginnt die Zehn-Jahres-Frist mit der Unterzeichnung des Schenkungsvertrags, für den Rest mit dem Erwerb durch den Vorbesitzer (siehe Seite 43).

Vorsicht

Tricks sind bezüglich der Zehn-Jahres-Frist kaum möglich. Würden der Verkäufer und der Käufer privat einen Kaufvertrag abschließen, um erst nach Ablauf der zehn Jahre zum Notar zu gehen, brauchte sich keiner der beiden an die Absprache zu halten. Denn Grundstücksgeschäfte sind nur notariell gültig.

Zählte eine Immobilie zunächst zu einem Betriebsvermögen und wurde sie dann in das Privatvermögen des Firmenchefs übertragen, beginnt die Zehn-Jahres-Frist erst mit dieser Verlagerung. Bei Immobilien im Firmenbesitz – ob bei einem Einzelkaufmann, einer Gesellschaft bürgerlichen Rechts oder etwa einer Kapitalgesellschaft – sind Veräußerungsgewinne dagegen stets zu versteuern.

Immerhin: Der Termin, zu dem die Steuer auf den Veräußerungsgewinn fällig wird, lässt sich steuern, indem im Notarvertrag vereinbart wird, dass ein Teil des Kaufpreises erst in späteren Jahren fließen soll. Denn die Einkommensteuer wird erst fällig, wenn der Gewinn tatsächlich anfällt (siehe Seite 40). Perfekt, wenn der Verkäufer dann ansonsten wenig verdient, sodass ihn die Steuerprogression nicht so hart trifft. Doch Vorsicht: Für den gestundeten Betrag muss sich der Verkäufer Sicherheiten einräumen lassen. Das gelingt manchmal kostensparend, wenn eine vorhandene Grundbucheintragung, mit der bisher eine Hypothek abgesichert wurde, dann für die Ratenzahlung genutzt werden kann. Aber auch in diesem Fall entstehen Grundbuch- und Notargebühren, die dem Vorteil bei der Steuergestaltung gegenübergestellt werden müssen.

WIE DAS FINANZAMT DEN VERÄUSSERUNGS-GEWINN BERECHNET

Zuschüsse Dritter werden abgezogen

Für Laien ist klar, wann sie bei einem Immobilienverkauf Gewinn erzielen: wenn der Verkaufspreis höher ist als der Kaufpreis plus eventuelle Baukosten. Nachvollziehbar ist es, dass das Finanzamt die Anschaffungs- und Herstellungskosten um die Zuschüsse Dritter verringert, etwa des Energieversorgers für die Wahl einer bestimmten Heizanlage (R 163 Abs. 3 EStR 1999). Erfreuen wird es die Steuerpflichtigen, dass dagegen staatliche Investitionszulagen (§ 9 InvZulG 1999) sowie die Eigenheimzulage (§ 16 EigZulG) nicht mindernd berücksichtigt werden. Doch es gibt Regelungen, nach denen sogar für Fehlinvestitionen Steuern fällig werden.

Wie Verluste steuerpflichtig werden

Viele Steuerzahler wissen gar nicht, dass der Fiskus seit dem Jahr 1999 bei der Berechnung des Veräußerungsgewinns die steuerlichen Abschreibungen wie einen Erlös behandelt (§ 23 Abs. 3 S. 4 EStG). Im Regelfall sind das jährlich 2 Prozent (bzw. 2,5 Prozent bei Baujahren vor 1925) auf den Gebäudewert (siehe Fall 1 unten).

Fall 1

Anleger A hat im Jahr 2002 eine vermietete Eigentumswohnung gekauft und nach sieben Jahren 2009 wieder verkauft. Wegen der erheblichen Nebenkosten beim Kauf hat er Geld verloren. Doch das Finanzamt ermittelt einen Gewinn:

Verkaufserlös	210.000 €
– Aufwand für Verkauf (Anzeigen usw.)	2.000 €
– Kaufpreis	200.000 €
– Makler, Notar, Grundbucheintrag	20.000 €
+ Abschreibung für sieben Jahre*	25.200 €
= Steuerpflichtiger Veräußerungsgewinn	13.200 €

* 2 Prozent pro Jahr auf angenommenen anteiligen Gebäudewert von 180.000 €

Auf den Gewinn wird Einkommensteuer fällig, die wegen der Progression umso höher ausfällt, je mehr ein Verkäufer sonst noch verdient, etwa durch seine Arbeit.

Warum Ratenzahlung die Steuern senkt

Wenn ein Verkäufer im Jahr des Verkaufs anderweitig hohe Einkünfte erwartet, etwa wegen eines Gehaltsbonus, kann er einwilligen, dass der Käufer in Raten zahlt. Im Fall 1 könnte der Notarvertrag zum Beispiel vorsehen, dass die letzten 30.000 Euro des Kaufpreises erst 2010 überwiesen werden. Das erleichtert dem Käufer die Finanzierung und senkt die Steuerlast des Verkäufers, wie die Musterrechnung zeigt.

Verkaufserlös 2009	180.000 €
– Aufwand für Verkauf (Anzeigen usw.)	2.000 €
– Kaufpreis	200.000 €
– Makler, Notar, Grundbucheintrag	20.000 €
+ Abschreibung für sieben Jahre*	25.200 €
= Verlust 2009	16.800 €

* 2 Prozent pro Jahr auf angenommenen anteiligen Gebäudewert von 180.000 €

Solche Verluste aus einem Wohnungsverkauf können nicht mit sonstigen Einkünften, etwa aus Arbeit, verrechnet werden, sondern nur mit Gewinnen aus anderen Immobiliengeschäften. Da Verkäufer A bisher keine erzielt hat, wird der Verlust vorgetragen und wirkt sich im Folgejahr aus, wenn der Käufer die Schlussrate zahlt.

Verkaufserlös 2010	30.000 €
– Verlustvortrag aus 2009	16.800 €
= Steuerpflichtiger Veräußerungsgewinn 2010	13.200 €

Fazit: Verkäufer A muss die Steuern erst ein Jahr später zahlen, wenn seine übrigen Einkünfte niedriger sind und ihn deshalb die Steuerprogression weniger hart trifft. Da der finanzschwache Käufer die Ratenzahlung gewünscht hat, sie also nicht nur zum Zwecke der Steuerersparnis vereinbart wurde, handelt es sich nicht um einen Gestaltungsmissbrauch nach

§ 42 AO, den die Finanzbeamten bei der Steuerberechnung ignorieren dürfen.

Wie Sonderabschreibungen bittere Folgen zeitigen

Vielfach machten erst Sonderabschreibungen einen Immobilienerwerb lukrativ. Da trifft es einen Anleger besonders hart, wenn ihm der Staat diese bei einem Verkauf wieder in Rechnung stellt, wie Fall 2 zeigt.

Fall 2

Bauherr B kaufte am 1. April 2001 ein unbebautes Grundstück für umgerechnet 200.000 Euro einschließlich Nebenkosten und stellte 2002 den Bauantrag für ein Mietshaus, das Anfang 2005 fertiggestellt wurde. Baukosten, alles inklusive: 600.000 Euro. Bei Gebäuden, für die der Bauantrag in diesen Jahren gestellt wurde, dürfen in den ersten acht Jahren jeweils 5 Prozent der Baukosten abgeschrieben werden. Wegen unerwarteter privater Veränderungen muss B die Liegenschaft Ende 2009 verkaufen.

Verkaufserlös 2009, netto	750.000 €
– Kaufpreis des Grundstücks, brutto	200.000 €
– Baukosten	600.000 €
+ Abschreibung, für fünf Jahre	150.000 €
= Steuerpflichtiger Veräußerungsgewinn	100.000 €

Hätte B mit dem Verkauf bis zum 2. April 2011 warten können, also bis zum Ablauf der durch den Grundstückskauf bestimmten Zehn-Jahres-Frist, wäre keine Steuer angefallen.

Wann Selbstnutzer Gewinne versteuern müssen

Unter dem Begriff »gemischt genutzte Immobilie« erfasst das Finanzamt unter anderem Eigenheime, in denen der Erwerber einen Raum als Arbeitszimmer nutzt. Dafür darf er – nach den steuerrechtlichen Vorgaben – Werbungskosten geltend machen. Doch beim Verkauf des Domizils revanchiert sich das Finanzamt: Es zählt das Arbeitszimmer nicht zum selbst genutzten Wohnraum. Ein seiner Wohnfläche entsprechender Teil des Veräußerungsgewinns muss deshalb versteuert werden, falls innerhalb der Zehn-Jahres-Frist verkauft wird. Analog die

Regelung bei einem Mietshaus, dessen Eigentümer in einer der Wohnungen lebt: Vom Veräußerungsgewinn bleibt nur so viel steuerfrei, wie es dem Anteil der Eigentümerwohnung an der Gesamtnutzfläche entspricht (siehe Fall 3).

Fall 3

Verkäufer Z kaufte 2004 für 500.000 Euro ein Haus mit zwei gleichgroßen Wohnungen, eine nutzt er selbst, die andere vermietet er. 2009 verkauft er die Immobilie für 490.000 Euro. Seine Wohnung interessiert das Finanzamt nicht, für die vermietete Wohnung macht es folgende Rechnung auf:

Vermietete Wohnung	
Verkaufserlös nach Abzug von Kosten	245.000 €
– anteilige Anschaffungskosten	250.000 €
+ Abschreibung für sechs Jahre*	24.000 €
= Steuerpflichtiger Veräußerungsgewinn	19.000 €

* 2 Prozent pro Jahr auf angenommenen anteiligen Gebäudewert von 200.000 €

Welche Geschenke beim Verkauf steuerpflichtig sind

Wer eine Immobilie erbt oder ohne Auflagen geschenkt bekommt, wird vom Finanzamt behandelt, als hätte er die Liegenschaft zum gleichen Zeitpunkt und Preis erworben wie der Alt-Eigentümer (siehe Fall 4).

Fall 4

Vater V kauft 1990 eine vermietete Eigentumswohnung für umgerechnet 100.000 Euro, die er 2005 schuldenfrei seinem Sohn S schenkt. Der verkauft sie 2008 für umgerechnet 129.000 Euro – und braucht keine Steuern zu zahlen, denn als Kaufdatum gilt der Erwerb durch den Vater 1990; seitdem sind mehr als zehn Jahre verstrichen.

Variante: Der Vater erwirbt die Wohnung erst 2004. Weil bis zum Verkauf durch den Sohn nur vier Jahre vergangen sind, besteht Steuerpflicht:

Verkaufserlös	129.000 €
– Anschaffungskosten des Vaters	100.000 €
+ Abschreibung für vier Jahre*	6.600 €
= Steuerpflichtiger Veräußerungsgewinn	35.600 €

* 2 Prozent pro Jahr auf einen angenommenen Gebäudewert von 82.500 €

Auch wenn sich der Alteigner den Nießbrauch oder ein Wohnrecht gesichert hat, geht das Finanzamt bei einem Verkauf durch die Beschenkten vom ursprünglichen Kauftermin aus.

Anders liegt der Fall, wenn Beschenkte zusagen, etwa Schulden zu übernehmen oder nach dem Tod des Alteigners dessen Angehörigen einen bestimmten Betrag zu zahlen. Für Steuerexperten handelt es sich dann um einen teilentgeltlichen Erwerb: Der neue Eigentümer hat quasi einen Teil der Immobilie durch die Übernahme der Verpflichtungen gekauft. Und für diesen Teil beginnt die Zehn-Jahres-Frist mit der Unterschrift unter den Schenkungsvertrag neu (siehe Fall 5).

Fall 5

Die Lage ist wie in Fall 4, doch ist die Wohnung mit 40.000 Euro Schulden belastet, die der Sohn 2005 mit übernimmt. 2008 verkauft der Sohn für 129.000 Euro. Das Finanzamt errechnet einen Verkehrswert von 120.000 Euro zum Zeitpunkt der Schenkung, mit den 40.000 Euro Kreditübernahme hat der Sohn also ein Drittel der Wohnung gekauft. Entsprechend wird der Verkaufserlös aufgeteilt: Zwei Drittel bleiben steuerfrei, weil der Kauftermin des Vaters zählt und seitdem mehr als zehn Jahre vergangen sind. Für das entgeltlich erworbene Drittel gilt:

Ein Drittel des Verkaufserlöses	43.000 €
– ein Drittel des Verkehrswerts bei Schenkung	40.000 €
+ ein Drittel der Abschreibung für vier Jahre*	2.200 €
= Steuerpflichtiger Veräußerungsgewinn	5.200 €

* 2 Prozent pro Jahr auf einen angenommenen Gebäudewert von 82.500 €

Wie die Nachteile wachsen

Senioren wählen häufig diese Nachlassregelung: Die Eltern behalten ein Wohnrecht, das Kind erhält deren Eigenheim geschenkt und übernimmt dafür die Grundschulden. Eine teilentgeltliche Übernahme also. Durch das Wohnrecht sinkt der Verkehrswert der Immobilie, entsprechend steigt der entgeltlich durch die Übernahme der Schulden erworbene Teil. Wenn die Beschenkten mit dem Verkauf nicht mindestens zehn Jahre warten, führt diese Konstruktion zu hohen Steuerlasten (siehe Fall 6).

Fall 6

Vater V kaufte 1990 ein Einfamilienhaus, das er seitdem bewohnt, für insgesamt umgerechnet 220.000 Euro. 2005 schenkt er es seinem Sohn S, der eine Grundschuld von 100.000 Euro übernimmt, zudem sichert sich der Vater den lebenslangen Nießbrauch. Das Finanzamt kalkuliert den Wert der Immobilie ohne Nießbrauch zu diesem Zeitpunkt auf 250.000 Euro, den des Nießbrauchs aufgrund des Mietwerts und des Alters von V auf 50.000 Euro, netto bleibt ein Verkehrswert von 200.000 Euro. S erwirbt also mit der Schuldenübernahme das halbe Haus entgeltlich. Als der Vater 2009 stirbt, verkauft S das Haus für 300.000 Euro.

Der Veräußerungsgewinn für die unentgeltlich erworbene Haushälfte bleibt wegen der Zehn-Jahres-Regelung steuerfrei. Für die andere Hälfte gilt folgende Rechnung:

50 Prozent des Verkaufserlöses	150.000 €
– anteiliger Verkehrswert (netto)	100.000 €
= Steuerpflichtiger Veräußerungsgewinn	50.000 €

Variante: Teurer wäre es für S gekommen, wenn der Vater das Haus erst im Jahr 2000 gekauft hätte, sodass die zehn Jahre Haltezeit auch beim unentgeltlich erworbenen Teil nicht erreicht worden wären. Der Sohn hätte dann zusätzlich 40.000 Euro versteuern müssen (150.000 Euro Erlös minus jene 110.000 Euro, die der Vater einst für 50 Prozent des Hauses gezahlt hat).

Besser: Hätte der Vater das Haus bis zum Tod behalten und S vererbt, hätte dieser keine Steuern zahlen müssen, weil der Erblasser die Immobilie bis zuletzt selbst bewohnt hatte. Dann hätte es keine Rolle gespielt, wie lange er das Domizil besaß.

Wann es lohnt, Nießbrauch oder Wohnungsrechte abzufinden

Wenn der Beschenkte seine Immobilie verkaufen will, diese aber noch mit Nießbrauch oder Wohnrechten belastet ist, gibt es zwei Möglichkeiten: Der Beschenkte findet die Begünstigten vor dem Verkauf ab oder der Käufer übernimmt die Pflichten. Fall 7 (auf Seite 45) zeigt die steuerlichen Folgen.

Fall 7

02

Mutter M kaufte 2000 für umgerechnet 200.000 Euro eine vermietete Eigentumswohnung und schenkt das Objekt 2006 ihrer Tochter T, bedingt sich aber lebenslangen Nießbrauch aus. Da die Wohnung schuldenfrei ist, handelt es sich um einen unentgeltlichen Erwerb. T braucht dringend Geld und muss 2009 verkaufen, noch bevor die Zehn-Jahres-Frist seit dem Kauf durch die Mutter abgelaufen ist. T zahlt M 50.000 Euro, damit diese auf den Nießbrauch verzichtet. So sieht dann die Steuerrechnung aus:

Verkaufspreis nach Abzug von Kosten	210.000 €
– Von M gezahlter Kaufpreis im Jahr 2000	200.000 €
– Abfindung von T an M für Nießbrauch	50.000 €
+ Abschreibung für 9 Jahre*	30.600 €
= Steuerlicher Verlust	9.400 €

* 2 Prozent pro Jahr auf einen angenommenen Gebäudewert von 170.000 €

Zum selben Ergebnis führt es, wenn der Erwerber die Abfindung an M zahlt und dafür die Wohnung für nur 160.000 Euro erhält. In beiden Fällen braucht die Mutter die 50.000 Euro Abfindung nicht zu versteuern: Es handelt sich um einen steuerlich unerheblichen Tausch von Ansprüchen.

In solchen Situationen wird der Veräußerungsgewinn durch die Abfindung verringert, konkret im Fall 7 entsteht sogar ein Verlust. Hätte hier die Mutter die Wohnung nicht verschenkt, sondern selbst 2009 verkauft, hätte sie einen steuerlichen Gewinn von 40.600 Euro erzielt (210.000 Euro Verkaufserlös minus 200.000 Euro Kaufpreis plus 30.600 Euro Abschreibung).

Deshalb prüft das Finanzamt solche Verkäufe, bei denen Nießbrauch oder auch Wohnrechte abgefunden werden, sehr genau. Vermuten die Beamten, dass der steuerpflichtige Verkauf schon zum Zeitpunkt der Schenkung geplant war, behandeln sie den Fall als Gestaltungsmissbrauch nach § 42 AO und fordern Steuern, als hätte es die Schenkung nie gegeben.

WAS VERKÄUFERN MEHRERER IMMOBILIEN DROHT

Wer innerhalb von fünf Jahren drei und mehr Immobilien kauft und verkauft, gilt den Finanzbeamten als gewerblicher Grundstückshändler und muss – neben der ohnehin fälligen Einkommensteuer auf etwaige Veräußerungsgewinne – Gewerbesteuer zahlen. Doch es gibt Ausnahmen: Nicht mitgezählt werden Immobilien, die entweder zehn Jahre im Eigentum waren, entsprechend den vorgegebenen Fristen (siehe Seite 35) selbst genutzt oder aber ohne Gegenleistung durch Erbschaft oder Schenkung erlangt wurden.

Drei Verkaufsfälle sind schnell erreicht, wenn innerhalb der fünf Jahre nach Erwerb zum Beispiel ein Mehrfamilienhaus in Wohneigentum oder ein größeres Areal in Baugrundstücke aufgeteilt und verkauft wird. Schon bei geringerer Objektzahl stufen die Finanzbeamten Verkäufer, die in der Immobilien- oder Baubranche tätig sind, häufig als gewerbliche Händler ein. Da die Zuordnung oft strittig ist, gibt es zahlreiche Finanzgerichtsurteile zu diesem Thema. Nur Steuerberater mit einschlägigen Erfahrungen können im Einzelfall verlässlich Auskunft geben.

WER GRUNDERWERBSTEUER ZAHLEN MUSS

Ob Grundstücke gekauft, getauscht, geschenkt, ersteigert oder sonst wie erlangt werden – stets wird Grunderwerbsteuer fällig. Es gibt aber folgende Ausnahmen:

- Grundstück samt Gebäude ist weniger als 2.500 Euro wert;
- Erwerb vom Ehe- bzw. eingetragenen Lebenspartner oder vom Ex-Partner im Rahmen der Vermögensauseinandersetzung (§ 3 Nr. 5 Grunderwerbsteuergesetz);

- Erwerb von Verwandten in gerader Linie, also zwischen Eltern und ihren leiblichen, Stief- bzw. Pflegekindern sowie deren Ehepartnern, oder zwischen Großeltern und Enkeln (auch, wenn deren Eltern noch leben) samt Ehepartnern;
- Schenkung – allerdings wird hier für etwaige Gegenleistungen wie Wohnrechte oder Nießbrauch, die den Wert der Schenkung bei der Schenkungssteuer reduziert haben, Grunderwerbsteuer fällig;
- Erbschaft, im Juristendeutsch: Erwerb von Todes wegen;
- Erwerb durch Miterben im Rahmen einer Erbauseinandersetzung. Beispiel: A, B und C erben je ein Drittel einer Liegenschaft; A kauft das Drittel von B grunderwerbsteuerfrei, verkauft er später die zwei Drittel an C, bleibt aber nur sein geerbtes Drittel steuerbefreit, nicht das zugekaufte. Aber: Wenn die drei Erben zunächst ihre Erbengemeinschaft in eine normale Eigentümergemeinschaft zu je einem Drittel umwandeln, wird keine Grunderwerbsteuer fällig – es sei denn, sie verkaufen später deren Anteile untereinander;
- Grundstücksteilung, wenn das neue Eigentum dem vorherigen Anteil am Gesamtgrundstück entspricht;
- Auflösung von Treuhandverhältnissen.

Vorsicht

Was viele Bürger nicht wissen: Grundstücksgeschäfte zwischen Geschwistern unterliegen der Grunderwerbsteuer. Die Steuer lässt sich eventuell vermeiden, wie nebenstehendes Beispiel zeigt.

Statt dass A seine Immobilie direkt an seinen Bruder B verkauft, gibt er sie an seinen Vater, der gerade Geld anlegen will. Braucht dieser die Mittel später anderweitig, kann er an Sohn B verkaufen. Ob sich aber ein solches Vorgehen wirklich lohnt, bleibt im Einzelfall zu prüfen. Zum einen fallen durch den zusätzlichen Kaufakt Notar- und Grundbuchgebühren an, zum anderen muss das Vorgehen auch ohne den Steuervorteil sinnvoll sein, sonst wertet das Finanzamt die Transaktionen als Umgehungstatbestand und verlangt trotzdem die Steuer.

Unterschiedliche Steuersätze der Länder

Die Regelungen zur Grunderwerbsteuer gelten zwar bundesweit einheitlich, doch die Steuersätze sind seit 2006 Ländersache. Bayern, Hessen und Sachsen begnügen sich mit 3,5 Prozent; Berlin, Bremen, Hamburg, Niedersachsen, Saarland und Sachsen-Anhalt verlangen 4,5 Prozent, die übrigen Länder 5,0 Prozent (Mecklenburg-Vorpommern ab 1.7.2012). Die Steuersätze werden fällig auf die im Notarvertrag genannte Leistung, die der Käufer für das Grundstück samt der Gebäude mit all ihren Bestandteilen zusagt. Dazu gehören auch übernommene Grundschulden und dem Verkäufer zugesagte Nutzungsrechte oder Rentenzahlungen.

Dienen der Klarheit: getrennt aufgeführte Preise

Zum Gebäude gehören etwa die Heizungsanlage oder Solarkollektoren für Warmwasser und Heizung, nicht dagegen Fotovoltaikanlagen, soweit sie ins öffentliche Netz einspeisen. Zahlungen des Käufers für übernommene Einbaumöbel, Gardinen oder Haushaltsgeräte sowie Instandhaltungsrücklagen bei Eigentumswohnanlagen bleiben ebenfalls grunderwerbsteuerfrei. Zur Klarheit sollte der Notarvertrag getrennte Preise ausweisen: einen für die Immobilie, einen für die Extras und sonstigen Übernahmen. Mit einer solchen Regelung kann der Verkäufer dem Käufer etliche hundert Euro an Steuern ersparen.

Die Pflicht zur Zahlung entsteht mit Abschluss des rechtswirksamen Kaufvertrags und nicht etwa erst bei Übergabe, Kaufpreiszahlung oder Eintrag ins Grundbuch.

WIE EINE IMMOBILIE INTERESSENTEN BEGEISTERT

Nachdem angehende Verkäufer untersucht haben, ob sie Steuern auf etwaige Veräußerungsgewinne zahlen müssen, gilt es, ebenso sorgfältig die eigene Immobilie zu prüfen: Wie kann man sie für einen Käufer so attraktiv gestalten, dass er einen guten Preis zahlt? Dazu muss der Eigentümer so vorgehen, als würde er das Objekt als Interessent erstmals selbst besichtigen. Gut ist es, wenn vorher der Blick durch die Begehung vergleichbarer Immobilien im Rahmen der Marktforschung (siehe Seite 18) geschärft wurde: Hat dort etwas überzeugt, was die eigene Immobilie nicht hat, das sich aber mit überschaubarem Aufwand herstellen lässt?

WARUM DER ERSTE EINDRUCK SO WICHTIG IST

Schon mit Kleinigkeiten die Optik verbessern

Der Weg der Erkenntnis beginnt für den Eigentümer – wie später für den Kaufinteressenten – mit dem Zugang zum Haus. Er sollte sauber gefegt sein, ebenso wie der öffentliche Bereich rund um das eigene Haus, auch wenn das eigentlich Sache der Stadtreinigung wäre. Falls es einen Vorgarten gibt, sollten dort – je nachdem, wann die Kaufinteressenten kommen – vom Frühjahr bis zum Herbst Blumen blühen bzw. im Winter die Beete adrett mit Tannenzweigen oder Rindenmulch abgedeckt sein. Lockere oder gesprungene Gehwegplatten werden rechtzeitig neu zementiert oder ausgetauscht.

Während Hauseigentümer solche Dinge selbst regeln können, ohne jemanden zu fragen, müssen Verkäufer einer Eigentumswohnung mit dem Hausmeister – so vorhanden – reden. Vielleicht lassen sich sogar die Miteigentümer frühzeitig vor dem geplanten Verkauf für eine Aktion »Unser Haus soll schöner werden« begeistern, bei der alle helfen, das Umfeld sowie die Gemeinschaftsflächen im Haus aufzuräumen. Wer ein Mietshaus anbieten will, sollte Zugang, Treppenhaus, Keller und Speicher notfalls auf eigene Kosten aufräumen und putzen lassen, falls die Mieter zwar dazu verpflichtet sind, aber trotz Ermahnung nachlässig bleiben: Ein Interessent, der in ein schmutziges Treppenhaus und in Kellerflure voller Gerümpel kommt, fürchtet sofort, dass die Bewohner auch sonst nicht allzu sorgsam mit dem Haus umgehen.

Mängel beseitigen

Ärgerlich ist es, wenn die Klingel nicht funktioniert oder die Haustür beim Öffnen klemmt oder quietscht: Das sind leicht zu behebende Schäden, die Kaufinteressenten misstrauisch nach weiteren Mängeln suchen lassen. Kalkablagerungen an Sanitärobjekten, zumal wenn sie rostbraun verfärbt sind, zeugen nicht nur von geringem Putzeifer, sondern lassen um den Zustand der Wasserrohre fürchten. Generell trübt ein nachlässiger Eindruck in Küche, Bad und WC die Kauflaune und weckt den Verdacht, dass es der bisherige Eigentümer auch mit der Instandhaltung nicht so genau nahm.

Im Zweifel Fachleute beauftragen

Wurde das Objekt seit einigen Jahren nicht renoviert, lohnt es stets, einen Maler durchs Haus zu schicken: Ein paar Töpfe Lack und Wandfarbe verbessern den Eindruck wesentlich. Zeigen sich beim Kontrollgang durch die eigene Immobilie Schäden, sollten nur talentierte Heimwerker selbst reparieren. Denn ein aufmerksamer Besucher sieht Pfusch und fürchtet, dass da ein schlimmer Schaden oberflächlich verdeckt wurde. Eine teure Modernisierung lohnt dagegen kaum. Zum einen ist vieles Geschmacksache, zum anderen wird mancher Kaufinteressent die Immobilie lieber entsprechend billiger erwerben und erst renovieren, wenn er seine Kassen wieder aufgefüllt hat. Für aufwendige Reparaturen sollte der Verkäufer aber Interessenten einen Kostenvoranschlag vorlegen, damit sie den Aufwand realistisch einschätzen können.

Generell entscheidet beim Kauf einer Immobilie nicht nur die Vernunft, Emotionen gehören dazu. Deshalb sollte man die Tipps aus Ratgeberbüchern für Nachwuchsmakler beherzigen, um die Räume aufzuwerten:

- In den Räumen für Licht sorgen: Wo Sonnenlicht fehlt, kann eine starke Lampe helfen.
- Blumen aufstellen: Die erfreuen jeden Besucher.
- Gut lüften: Muffelt es danach immer noch, für die Interessenten frühzeitig Kaffee kochen oder Kuchen/Brot backen und den Duft durch alle Räume ziehen lassen.
- Freiflächen schaffen: Dadurch wirken die Zimmer großzügiger. Gerade Eigentümer, die ihr Domizil seit Jahrzehnten bewohnen, sammeln viele Gegenstände an. Wenn sie nach dem Verkauf ausziehen, werden sie wohl ohnehin man-

ches entsorgen – warum dann nicht schon einige Monate früher? Alternative: Ein Teil der Besitztümer bei Bekannten oder einer Möbelspedition einlagern. Das ist auch bei wuchtigen, vielleicht gar noch dunklen Sitzgruppen und Möbeln zu empfehlen, welche die Räume kleiner erscheinen lassen.

Kann sich lohnen: professionelle Innenausstatter engagieren

Solche Vorbereitungen sind wichtig, denn leider können sich Kaufinteressenten – so die Erfahrung von Maklern – nur schwer fremde Wohnräume mit anderem Mobiliar oder leere Zimmer möbliert vorstellen. Daraus entstand in USA ein Gewerbe: Home staging. Das zu verkaufende Eigenheim wird von Innenarchitekten wie eine Bühne (englisch: stage) elegant ausstaffiert. Auch in Deutschland sind solche Spezialisten anzutreffen (www.dghr-info.de). Mag es bei einer Villa lohnen, professionelle Einrichter für gutes Geld zu engagieren, lässt sich in den anderen Fällen vieles selbst im Bekanntenkreis organisieren.

Wer daran geht, sein Haus oder seine Eigentumswohnung für Interessenten vorzubereiten, muss sich aber zunächst fragen: Wer sind vermutlich meine Käufer? Kommt ein Reihenhaus vor allem für Familien mit kleinen Kindern infrage, stimmt es sie positiv, wenn im Garten bereits eine Rutschbahn und ein Sandkasten stehen. Bei allen Altersgruppen kommt es gut an, wenn die Terrasse im Sommer mit schicken Gartenmöbeln und einem hochwertigen Gasgrill bestückt ist – da planen Kaufinteressenten in Gedanken schon ihre Einweihungsparty. Auch eine Eigentumswohnung – besonders attraktiv für Paare mittleren Alters – gewinnt, wenn auf dem Balkon eine gemütliche Sonnenliege und im Wohnzimmer ein bequemer Lesesessel stehen. Und mit geliehenen farbenfrohen Vorhängen lässt sich südliches Flair zaubern. Warum sich nicht zusätzlich für den Besichtigungstermin von Freunden deren Designersofa borgen?

Testpräsentationen bereiten auf den »Ernstfall« vor

Oft wird die Zielgruppe deutlich jünger sein als die Verkäufer. Trifft das zu, sollten diese die Immobilie einmal zur Probe jüngeren Verwandten oder Bekannten präsentieren. Wie wirkt das Objekt auf sie? Wie ließe es sich aufwerten? Die Eigentümer sollten auf alle Vorschläge positiv reagieren, auch wenn sie diese spontan für unsinnig halten – und später in Ruhe darüber nachdenken. Wer sofort auf Vorschläge abwehrend reagiert, verhindert weitere Anregungen. Es ist selbstverständlich, dass Außenstehende die Immobilie kritischer sehen als die Eigentümer, die sich oft nach Jahrzehnten an die Macken des Domizils gewöhnt haben.

WELCHE UNTERLAGEN KAUFINTERESSENTEN SEHEN WOLLEN

Wer eine Immobilie verkaufen will, sollte bedenken: Der Interessent steht im Zweifel vor der größten Investition seines Lebens und hat verständlicherweise Angst, überteuert zu kaufen. Der Anbieter kann ihm einige Sorgen nehmen, indem er alle wichtigen Unterlagen zur Immobilie bereithält:

- Baupläne und Baubeschreibung (siehe Seite 53),
- amtliche Flurkarte neueren Datums (siehe Seite 54),
- etwaige Ausbaupläne (siehe Seite 54),
- Gutachten zur Wertermittlung oder etwa Schadstoffen (siehe Seite 54 bzw. 58),
- Energieausweis (siehe Seite 55),
- Abgasprotokoll bei Öl- bzw. Gasheizung (siehe Seite 57),
- Reparaturbelege und etwaige Kostenvoranschläge (siehe Seite 57),
- Grundbuchauszug neueren Datums (siehe Seite 58),
- Baulastenverzeichnis neueren Datums (siehe Seite 60),
- Gebäudeversicherungsschein und letzte Rechnung,
- Grundsteuer- und Einheitswertbescheid.

Bei Eigentumswohnungen sind weitere Dokumente wichtig (siehe Seite 60):

- Teilungserklärung samt Aufteilungsplan,
- Gemeinschaftsordnung,
- Hausordnung,
- Beschluss-Sammlung
- Verwaltervertrag,
- Jahresabrechnungen,
- Wirtschaftsplan (aktuell, Vorjahr, falls vorhanden Folgejahr)
- Protokolle der Eigentümerversammlung,
- Beleg über Instandhaltungsrückstellung
- Erklärung des Verwalters, dass der Verkäufer alle fälligen Zahlungen geleistet hat.

Tipp

Eigentümer, die sich perfekt auf die Fragen von Interessenten einstellen wollen, lesen einen Ratgeber zum Immobilienkauf, mit dem sich angehende Erwerber vorbereiten – etwa das Buch der Verbraucherzentrale: »Ihr Weg zum Wohneigentum«.

02

Bei vermieteten Immobilien kommen die Mietverträge hinzu.

WIE BAU- UND LAGEPLÄNE FÜR ÜBERSICHT SORGEN

Die originalen Baupläne und die Baubeschreibung sollte der Verkäufer auf jeden Fall bereithalten. Besitzt er keine Pläne aus der Bauzeit oder von späteren An- und Umbauten, kann er beim Architekten oder im Bauamt nachfragen. Für Vorkriegsbauten liegen aber selbst dort oft nicht alle Akten vor. Das Fehlen verlässlicher Pläne erschwert aber nicht nur Verkaufsgespräche. Auch der Wertgutachter verlangt einen Aufpreis, wenn er die Maße selbst ermitteln muss (siehe Seite 31). Deshalb sollten Eigentümer frühzeitig fehlende Grundrisse neu zeichnen lassen. Das empfiehlt sich auch, wenn die Originale vergilbt oder zerfleddert sind. Am besten ist es, gleich mehrere Varianten zu bestellen: einmal ohne Möbel, dann mit verschiedener Möblierung und – soweit sinnvoll – unterschiedlicher Zimmernutzung. Das spricht unterschiedliche Käuferinteressen an: Ein Raum wird mal Kinder-, mal Arbeitszimmer. In einem großen Raum

Fehlende Grundrisse rechtzeitig neu zeichnen lassen

Mit dem Grundriss auf verschiedene Bedürfnisse eingehen

Tipp

Der Eigentümer sollte sich im Katasteramt eine aktuelle Flurkarte beschaffen. Sie zeigt die Grundstücksgrenzen, sodass sich zum Beispiel erkennen lässt, ob die Zufahrt bereits zum Grundstück oder zum öffentlichen Straßenraum gehört. Im ländlichen Raum umfassen Grundstücke manchmal auch mehr als nur das eingezäunte Areal. Ferner sollte der Verkäufer für Interessenten einen Plan der Umgebung bereithalten, auf dem Bus- und Bahnhaltestellen, Schulen, Kindergärten, Sportplätze, Läden und Arztpraxen eingezeichnet sind.

können die Eltern schlafen oder ein Kind viel Platz zum Spielen finden. Wie werbewirksam schon Grundrisse für 10 Euro sein können, zeigt das Internet, etwa bei www.1000hands.de in der Rubrik Onlinegrundrisse.

WIE SICH ZUSÄTZLICHE CHANCEN BELEGEN LASSEN

Ausbauoptionen durch Pläne vom Architekten dokumentieren

Pläne können die Ausbaumöglichkeiten verdeutlichen, die manche Häuser bieten. Bei größeren Maßnahmen kann es lohnen, einen Architekten mit einem Entwurf zu beauftragen. Er liefert dann nicht nur einen Grundriss, sondern auch Ansichten des Hauses nach dem Ausbau. Die machen jedem Betrachter die Chancen deutlich. Zudem haftet der Architekt dafür, dass die gezeigten Baumaßnahmen kein Wunschbild des Verkäufers, sondern baurechtlich zulässig sind. Seine Leistung hat ihren Preis: Liegen die voraussichtlichen Baukosten zum Beispiel bei 30.000 Euro, sind dafür nach der Honorarordnung rund 600 Euro inklusive Mehrwertsteuer fällig.

Auch von absehbaren Verbesserungen in der Umgebung sollte der Verkäufer nicht nur erzählen. Es überzeugt mehr, wenn er anhand von Mitteilungen der Gemeindeverwaltung oder Presseberichten belegen kann, dass neue Grünflächen oder Busverbindungen entstehen, die Schule ausgebaut oder der Straßenverkehr beruhigt wird.

WELCHE GUTACHTEN UND BELEGE VERKAUFEN HELFEN

Wenn der Eigentümer komplette Unterlagen vorlegen kann, fassen Interessenten Vertrauen – und entschließen sich leichter zum Kauf.

Wertgutachten nur vom Fachmann

Wertgutachten. Es gibt den Interessenten die Sicherheit, dass ihnen eine überprüfte Immobilie zu einem angemessenen Preis angeboten wird. Voraussetzung: Es stammt von einem Autor, von dessen Qualifikation, Sorgfalt und Objektivität der potenzielle Käufer überzeugt sein kann (siehe Seite 27). Wenn der Verkäufer zudem glaubhaft berichten kann, dass zum Beispiel die örtliche Sparkasse das Gutachten geprüft hat und den Wert als Beleihungsgrundlage akzeptieren würde, ist es perfekt.

Energieausweis ist Pflicht

Energieausweis. Dieses Dokument, das jeweils für zehn Jahre gültig ist, zeigt auf einer Skala von grün bis rot, wie es um den Energieverbrauch eines Hauses bestellt ist. Laut Gesetz muss es jeder Immobilienverkäufer den Interessenten vorlegen, nur bei denkmalgeschützten Objekten entfällt diese Pflicht. Wohnungseigentümer fragen den Verwalter, denn er muss den Ausweis beschaffen, weil dieser für das Haus als Ganzes gilt. Für Gebäude mit Bauantrag nach dem 1. November 1977 (oder energetisch gleichwertig) sowie für alle Bauten mit mehr als fünf Wohnungen ist ein Energieausweis üblich, der auf dem Energieverbrauch der drei letzten Jahre basiert. Bei solchen Mietobjekten lässt er sich am einfachsten und billigsten bei dem Unternehmen bestellen, das die Heizkosten abrechnet. Sonst gibt es Angebote im Internet, etwa unter www.immobilienscout.de in der Rubrik Um- und Ausbau für 35 Euro. Verbrauchsabhängige Ausweise wurden aber vor einigen Jahren generell auch für ältere und kleinere Häuser ausgestellt und sind nun weiterhin gültig.

Benötigt ein Wohngebäude mit weniger als fünf Wohneinheiten, dessen Bauantrag vor dem 1. November 1977 gestellt wurde und das nicht energetisch modernisiert wurde, einen neuen Energieausweis, wird der Heizbedarf dafür von einem zugelassenen Energieausweis-Aussteller berechnet – anhand der Bauweise sowie der Dämmqualität der verwendeten Baustoffe bzw. Bauteile und einem bestimmten, vorgegebenen

Nutzerverhalten. Dabei genügt es den gesetzlichen Anforderungen, wenn der Eigentümer einen detaillierten Fragebogen zur Bauweise des Hauses ausfüllt und an einen zugelassenen Experten schickt. Der prüft die Glaubwürdigkeit der Angaben und stellt den Ausweis aus. Solche Angebote gibt es ebenfalls unter www.immobilienscout24.de in der Rubrik Um- und Ausbau für 69,50 Euro.

Dena-Siegel nur von zugelassenen Fachleuten

Selbstverständlich sind die Angaben des Ausweises verlässlicher, wenn der Experte das Haus selbst in Augenschein nimmt und danach das Dokument ausfüllt und unterzeichnet. Das kostet bei einem Einfamilienhaus rund 400 Euro. Adressen von bundesweit rund 10.000 Fachleuten hat die Deutsche Energieagentur (Dena) gespeichert (Telefon 08000/736734). Im Internet sind ihre Adressen unter www.zukunft-haus.info abzurufen. Rund 1.100 Fachleute, die speziell geschult wurden und deren Arbeit stichprobenweise überprüft wird, dürfen nach einem Ortstermin besondere Energieausweise mit einem Dena-Gütesiegel ausstellen. Belegt der Experte, dass das Haus besonders energieeffizient ist, kann der Eigentümer bei der Dena zudem eine Plakette beantragen, die werbewirksam am Haus angebracht werden darf. Egal nach welchem Verfahren der Ausweis erstellt wurde: Bescheinigt er einen geringen Wärmebedarf, besitzt der Eigentümer einen Trumpf für das Verkaufsgespräch.

Plakette für besonders energieeffiziente Häuser

Signalisiert der bedarfsorientierte Energieausweis dagegen einen hohen Heizbedarf, sollte sich der Eigentümer näher mit der Aussagekraft der Daten befassen, um für Diskussionen mit Interessenten gewappnet zu sein. Der in diesem Dokument genannte Energiebedarf basiert oft auf der Annahme, dass die Temperatur in allen heizbaren Räumen permanent bei 20 Grad Celsius liegt. Wird die Temperatur gesenkt, spart das in einem schlecht gedämmten Haus mehr Energie als in einem hoch gedämmten. Wenn also – wie üblich – die Schlafzimmer sowie selten genutzte Räume kühler bleiben, reduziert das den Heizbedarf im schlecht gedämmten Haus stärker als im gut gedämmten.

Fazit: Ein Niedrigenergiehaus bietet Vorteile, doch sind sie in der Realität geringer, als es der Bedarfsausweis vermuten lässt.

Heizrechnungen. Neben dem Energieausweis sollte der Verkäufer Belege über die tatsächlichen Heizkosten der letzten drei Jahre bereithalten.

Argumente mit Fakten stützen

Schornsteinfeger-Messung. Die jährlichen Abgas-Messbescheide können oft das Ansehen eines alten Heizkessels aufbessern, wenn ihn Kaufinteressenten pauschal als Schrott bezeichnen, nur weil er älter als 15 Jahre ist. Sie wollen damit den Immobilienpreis drücken oder glauben es tatsächlich, weil laut Werbung neue Kessel 30 Prozent weniger Energie verbrauchen. Diese Aussage gilt aber nur für uralte, falsch dimensionierte Anlagen in schlechtem Zustand. Wenn dagegen der Schornsteinfeger im Beleg über die CO-Messung bescheinigt, dass der Kohlenmonoxidanteil unter 400 ppm liegt, ist die Verbrennung in Ordnung. Der Grenzwert liegt bei 1.000 ppm. Und wenn in der Bescheinigung zur Durchführung des Bundesimmissionsschutzgesetzes steht, dass der Abgasverlust unter 8 Prozent liegt, macht sich ein neuer Kessel in einem Eigenheim kaum bezahlt. Auch die Umwelt profitiert von einem Austausch nicht, weil für die Produktion des neuen Kessels viel Energie aufgewendet wird, die beim Einsatz erst einmal wieder eingespart werden müsste.

Kostenvoranschläge. Der Verkäufer sollte Kostenvoranschläge einholen, falls größere Reparaturen anstehen, etwa der Heizkessel tatsächlich bald ausgetauscht werden muss. Der Käufer weiß dann, was auf ihn zukommt, und kann in der Kaufpreisdiskussion keine überzogenen Abschläge verlangen.

Tipp

Bauschaden-Gutachten. Bei schweren Mängeln, etwa bei einer feuchten Kellerwand, kann es sinnvoll sein, wenn ein Sachverständiger die notwendigen Maßnahmen und deren Kosten darstellt. Können umfangreiche Arbeiten ohne Probleme aufgeschoben werden, sollte sie der Eigentümer nicht ausführen lassen, sondern den Verkaufpreis entsprechend senken. Der Käufer kann die Arbeiten vornehmen, wann er es will. Oft wird er sie mit anderen Maßnahmen kombinieren und so Kostenvorteile erzielen.

Handwerkerrechnungen. Belege für größere Reparaturen helfen ebenfalls bei den Preisverhandlungen, da sie belegen, dass der Verkäufer seine Immobilie stets in gutem Zustand gehalten hat.

Schadstoff-Gutachten. Die Aussage eines Sachverständigen kann helfen, wenn Kaufinteressenten etwa bei bestimmten Baumaterialien eine Gesundheitsgefährdung vermuten. Wegen der Kosten sollte aber ein solches Gutachten nur erstellt werden, wenn davon tatsächlich die Kaufentscheidung eines Interessenten abhängt.

Vorsicht

Verkäufer müssen einen Kaufinteressenten über ihnen bekannte Schäden oder Schadstoffe informieren – ob es nun ein Gutachten gibt oder nicht (siehe Seite 111).

WELCHE RECHTE DRITTER BEIM VERKAUF STÖREN KÖNNEN

Im Grundbuch sind die Eigentümer sowie Rechte Dritter am Grundstück eingetragen.

Manche Sachverhalte können Kaufinteressenten abschrecken. Verwirrung kann schon entstehen, wenn die Liegenschaft – wie Abteilung I des Grundbuchs zu entnehmen wäre – mehreren Personen gehört. Führt nur einer oder einige davon die Verhandlungen, sollten die übrigen dazu und für den Verkauf schriftlich Vollmacht erteilen. Dann ist der Kaufinteressent sicher, dass sich später kein Miteigner quer legt.

Vorkaufsrecht im Grundbuch

Ist in Abteilung II des Grundbuchs ein Vorkaufsrecht eingetragen, sollten Eigentümer den Berechtigten frühzeitig über den geplanten Verkauf informieren. Vielleicht hat er kein Interesse mehr und verzichtet per Notarvertrag auf sein Privileg. Oder er sagt notariell zu, dass er über dessen Nutzung innerhalb weniger Tage entscheidet, nachdem er über den Kaufvertrag informiert wurde, und ab einem bestimmten Preis ohnehin auf die Übernahme verzichtet. Dann kann ein Kaufinteressent sicher sein, nach der Unterschrift unter den Notarvertrag zumindest bald Klarheit zu erlangen. Ist der Vorkaufsberechtigte nicht zu einer solchen Zusage bereit, hat er zwei Monate Zeit zur Entscheidung. Diese gesetzliche Frist kann im Notarvertrag, der das Vorkaufsrecht begründet hat, verkürzt oder verlängert werden. Stets beginnt sie aber erst an dem Tag, an dem der Vorkaufsberechtigte vom Notarvertrag über den Verkauf erfahren hat und alle dafür notwendigen Genehmigungen vorliegen. Kein Kaufanwärter wird eine solche Hängepartie gut finden.

Wird das Vorkaufsrecht genutzt, hat der Möchtegern-Käufer Anspruch auf Schadenersatz, es sei denn, der Verkäufer hat diesen im Kaufvertrag ausgeschlossen und sich ein Recht auf Rücktritt vorbehalten.

Kann problematisch werden: lebenslanges Wohnrecht

Noch störender kann ein lebenslanges Wohnrecht zum Beispiel für eine Einliegerwohnung sein, wenn der Käufer selbst einziehen will und ihm die Hauptwohnung allein zu klein ist. Auch hier können Gespräche noch vor Beginn des Verkaufs für Klarheit sorgen. Typischerweise besitzen ältere Personen solche Wohnrechte – und mancher wäre vielleicht längst ausgezogen, wenn er dann nicht seine kostenlose Bleibe verloren hätte. In diesem Fall könnte eine angemessene Abfindung allen Beteiligten helfen: Der Senior zieht zum Beispiel zu Angehörigen, der Käufer kann frei disponieren – und der Verkäufer erzielt einen guten Preis.

Erschwert den Verkauf: eingetragener Nießbrauch

Ein eingetragener Nießbrauch macht eine Immobilie oft unverkäuflich, da das Recht zur Nutzung oder Vermietung dem Nießbraucher zustehen. Wenn er dort wohnt, ist er vielleicht interessiert – wie im vorigen Absatz der Wohnungsrechtsinhaber – auszuziehen und stattdessen eine Rente zu erhalten. Falls er die Immobilie vermietet hat, könnte er stattdessen

Vorsicht
Verpflichtungen des Eigentümers, die im Baulastenverzeichnis beim Bauamt eingetragen sind, lassen sich kaum beseitigen, etwa die Vorgabe, dass zum Nachbarn besondere Abstände einzuhalten sind, Dritte über das Grundstück fahren dürfen oder die Gemeinde dort Wasser- und Kanalrohre verlegen kann. Achtung: Bayern und Brandenburg führen kein Baulastenverzeichnis und tragen entsprechende Rechte in das Grundbuch ein.

ebenfalls eine Abfindung oder Rente erhalten und müsste sich nicht mehr um die Reparaturen kümmern (siehe Seite 122). Manchem Käufer könnte ein solches Arrangement sogar entgegenkommen: Er übernimmt es, die Rente zu zahlen und kauft dann teilweise quasi auf Rentenbasis, muss also aktuell weniger Geld aufwenden.

Der Verkäufer sollte sich gegebenenfalls frühzeitig darüber informieren, wie sich die Ablösung des Wohnrechts bzw. des Nießbrauchs steuerrechtlich auswirkt (siehe Seite 45).

WELCHE UNTERLAGEN BEI EIGENTUMSWOHNUNGEN HINZUKOMMEN

Wer seine Eigentumswohnung verkaufen will, sollte zunächst prüfen, ob der Verwalter dabei bestimmte Mitspracherechte besitzt und wie er sie gegebenenfalls in der Vergangenheit genutzt hat. Generell ist es sinnvoll, frühzeitig mit ihm über die Verkaufspläne zu sprechen, da er vielleicht Interessenten kennt und vermutlich weiß, zu welchen Preisen andere Wohnungen im Haus verkauft wurden. Generell ist damit zu rechnen, dass sich auch Kaufinteressenten mit Fragen an den Verwalter wenden.

Um auf Fragen von Kaufinteressenten vorbereitet zu sein, sollte der Verkäufer alle Regelungen kennen, die seine Wohnung betreffen. Besitzer eines Schäferhunds freuen sich, wenn die Hausordnung größere Tiere zulässt. Klavierspieler interessieren sich für die Ruhezeiten. Freilich: Was den einen erfreut, stört den anderen. Nachfolgend wichtige Dokumente und Fragen, die Interessenten dazu stellen könnten:

Teilungserklärung und Aufteilungsplan: Was gehört zum Sondereigentum, was zum Gemeinschaftseigentum? Hätte ich Sondernutzungsrechte? Wie hoch wäre mein Anteil am Gemeinschaftseigentum?

Gemeinschaftsordnung: Was wird per Mehrheitsbeschluss entschieden? Was muss einstimmig beschlossen werden?

Hausordnung: Ist Tierhaltung erlaubt? Wie ist die Reinigung der Gemeinschaftsflächen organisiert? Darf man auf dem Balkon grillen?

Jahresabrechnungen: Werden Verwaltergebühren, Wartungsarbeiten am Gemeinschaftseigentum usw. wie üblich nach Miteigentumsanteilen oder nach Wohneinheiten (günstiger für die Eigentümer großer Wohnungen) abgerechnet? Wie haben sich die Kosten in den vergangenen Jahren entwickelt? Waren Nachzahlungen fällig?

Protokolle der Eigentümerversammlung: Wie oft kam es zur Anfechtung von Beschlüssen oder gar Klagen? Gibt es viele Meinungsverschiedenheiten im Haus – oder warum sonst wurden viele Beschlüsse nur mit knapper Mehrheit gefasst?

Wann soll über die Modernisierungsmaßnahmen, die unter dem Punkt Verschiedenes angesprochen wurden, endgültig entschieden werden und wird dafür eine Sonderumlage benötigt?

Stand der Investitionsrücklagen: Wie viel Geld ist auf dem Konto? Welche größeren Reparaturen wurden in den vergangenen drei Jahren vorgenommen, welche stehen an?

WARUM EIN VERKAUF GEGEN RENTE ODER NIESSBRAUCH RISKANT IST

Unter Verwandten sind diese Fälle häufig: Senioren verkaufen ihre Immobilie an Angehörige, behalten aber ein Wohnrecht

Frühzeitig überlegen, ob Sonderregelungen infrage kommen

oder lassen sich den Kaufpreis ganz bzw. teilweise als Leibrente zahlen. Andere sichern sich solche Rechte, wenn sie ihr Objekt verschenken. Die Vor- und Nachteile werden in Kapitel 3 dargestellt (siehe Seiten 121 und 156 ff.).Entsprechende Absprachen können Immobilieneigner auch mit einem Interessenten treffen, der nicht mit ihnen verwandt ist. Das ist für potenzielle Käufer interessant, denen die Bank nicht genug Kredit für den Kauf bewilligt. Noch bevor ihn möglicherweise ein Interessent nach solchen Finanzierungswegen fragt, sollte sich der Verkäufer überlegen, ob derlei für ihn infrage kommt. Ratenzahlung kann dem Verkäufer in Sonderfällen sogar Steuervorteile bringen (siehe Seite 40). Ein Verkauf auf Rentenbasis ist einer der wenigen Fälle, bei denen der Betrag mit dem Preisniveau steigen darf. Wer den Nießbrauch hat und vermietet, profitiert, falls die Mieten zulegen. Umgekehrt ist man mit einem Wohnrecht vor steigenden Mietforderungen geschützt. Doch es bestehen ganz erhebliche Risiken (siehe Seite 165).

Tipp

Wohnrecht, Nießbrauch oder Renten sollten im Grundbuch abgesichert werden und Klauseln im Kaufvertrag sollten eine Rückabwicklung vorsehen, wenn der neue Eigentümer nicht seinen Pflichten nachkommt.

Fazit: Bargeld lacht auch beim Immobilienverkauf.

EXKURS: WIE SICH OHNE VERKAUF DIE HAUSHALTSKASSE FÜLLEN LÄSST

Finanzprobleme mithilfe einer Stiftung lösen

Manchem Hauseigentümer wird erst im Zuge der Verkaufsvorbereitung bewusst, wie sehr er an der Immobilie und ihrem Umfeld hängt – doch er braucht Geld. Eine Lösung bietet die katholische Stiftung Liebenau aus dem gleichnamigen Ort nahe dem Bodensee. Die gemeinnützige Organisation, die behinderte und kranke Menschen betreut, bietet Eigenheimbesitzern ab 60 Jahren im gesamten Bundesgebiet eine Zustifterrente an: Die Senioren erhalten – erstrangig abgesichert im Grundbuch – ein lebenslanges Wohnrecht in ihrem Domizil sowie eine Leibrente, dafür wird die Stiftung Hauseigentümer und sorgt wie ein Vermieter für die Instandhaltung. Die Berechnung der Leibrente basiert auf dem Wertgutachten, wobei vorab rund ein Viertel des Werts als Stiftungsbetrag

Lebenslanges Wohnrecht

und Risikoausgleich abgezogen wird. Verzichtet der Alteigner später auf das Wohnrecht und zieht er aus, erhält er eine Ausgleichszahlung. Details unter www.zustifterrente.de oder Telefon 07542/101205.

Umkehr- oder Rückwärtshypothek

Als Alternative offeriert die staatliche Investitionsbank Schleswig-Holstein den Senioren ab Alter 60 mit selbst genutztem Wohneigentum in diesem Bundesland eine Immorente. Das heißt: Sie erhalten monatlich eine Zahlung auf Kredit, für den keine laufenden Zins- und Tilgungsleistungen fällig werden. Mit jeder Rentenzahlung steigt die Schuld. Das Prinzip einer Hypothek, bei der die Schuld mit jeder Tilgungsrate sinkt, wird also umgekehrt. Man spricht deshalb bei der Immorente auch von einer Umkehr- oder Rückwärts-Hypothek. Als die Investitionsbank 2010 die Immorente erstmals anbot, wurde sie faktisch lebenslang gezahlt. Nun aber überweist sie das Institut bei Neuabschluss nur noch so lange, bis der Immobilieneigner seine Lebenserwartung erreicht hat. Die beträgt nach den Tabellen der Investitionsbank zum Beispiel beim Startalter 65 für einen Mann 91, für eine Frau 92 Jahre. Fünf Jahre, nachdem die Rentenzahlung endete, können die Senioren die aufgelaufene Schuld tilgen oder in ein lebenslanges Darlehen umwandeln, für das sie dann regelmäßig Zinsen zu zahlen müssen. Im Todesfall (bei Paaren dessen, der am längsten lebt) wird die Rückzahlung fällig, welche die Erben etwa durch den Verkauf der Immobilie finanzieren können. Ziehen die Senioren vorzeitig aus ihrem Domizil etwa in ein Pflegeheim, endet die Rentenzahlung und das bis dahin aufgelaufene Darlehen wird sofort fällig. Details zur Immorente erfahren Sie unter www.ib-sh.de oder Telefon 0431/9905 5000. Öffentliche Banken anderer Bundesländer prüfen seit Jahren ähnliche Modelle, doch Anfang 2012 nannte noch keine einen Starttermin.

Vorsicht

Einige Finanzvermittler werben ebenfalls für Immobilienrenten. Auf Nachfrage bieten sie jedoch in aller Regel ein Darlehen an, das in einem Betrag ausgezahlt wird.

Als Pionier in Sachen Immobilienrente bietet die Sparkasse am Niederrhein in Moers seit 2007 einen Rentenvertrag für fünf Jahre an. Eine Verlängerung ist möglich. Einige andere regionale Institute offerieren auf Anfrage Ähnliches. Eine Nachfrage bei der örtlichen Sparkasse oder Volksbank lohnt.

Grundstück verkaufen, aber Hauseigentümer bleiben

Eine andere Möglichkeit, Kasse zu machen: Nur das Areal wird an Investoren verkauft. Das heißt: Der Verkäufer bleibt im Grundbuch eingetragener Eigentümer des Hauses, kann es auch veräußern und vererben, muss jedoch künftig einen Erbbauzins zahlen. Kaufinteressenten vermittelt zum Beispiel die DGR Deutsche Grundstücksrente GmbH, www.grundstuecksrente.de oder Telefon 04102/2000190. Am Ende der Vertragslaufzeit – bei DGR je nach Vertragsgestaltung 30 bis 198 Jahre – kann der Erbbauvertrag verlängert werden, falls sich Haus- und Grundstückseigner einigen. Sonst tritt der Heimfall ein, das heißt, der Grundstückseigentümer übernimmt das Gebäude und zahlt dessen Eigentümer eine Entschädigung. Zum Heimfall kommt es auch, wenn der Erbbauzins zwei Jahre nicht überwiesen wird. Der Erbbauzins entspricht bei DGR anfangs etwa der Belastung durch eine Grundschuld. Aber: Er wird alle drei Jahre an die Verbraucherpreise angepasst. Legen diese um jährlich 2 Prozent zu, steigt der Erbbauzins in etwa 20 Jahren um 50 Prozent – und wächst weiter.

Vorsicht

Unter den genannten Bedingungen ist das Erbbaumodell ungünstiger als ein Kredit. Allerdings geben Banken Senioren – auch bei besten Sicherheiten – kaum Grundschulddarlehen. Vielleicht findet sich eine Lösung im Familienkreis.

WIE EIGENTÜMER IHRE IMMOBILIE SELBST VERMARKTEN

Langer Atem bei der Vermarktung nötig

Nachdem sich die Immobilie von ihrer besten Seite zeigt, der Eigentümer sich gründlich über die Marktlage informiert hat und die Unterlagen bereitliegen, kann die Vermarktung starten. Das ist in den meisten Regionen Deutschlands kein Sprint, sondern eher ein Langlauf. Wer als Privatanbieter seine Immobilie selbst anbietet, benötigt Ausdauer und Fleiß. Viel ist zu tun: Angebotspreis festlegen, Texte für Anzeigen verfassen, Fotos beschaffen, Internetangebot und Exposé erstellen, Anrufe der Interessenten entgegennehmen, Besichtigungen arrangieren, mit ernsthaften Kaufanwärtern verhandeln, immer wieder Absagen verkraften – und schließlich doch den Notarvertrag unter Dach und Fach bringen. Wer nicht sicher ist, ob er all das leisten kann oder doch besser einen Makler beauftragen sollte, kann unverbindliche Erstgespräche mit einigen Vermittlern führen (siehe Seite 83).

02

WELCHE PROFIS HELFEN KÖNNEN

Fachleute für Teilaufgaben einsetzen

Statt alle Aufgaben einem Makler zu übertragen, können Eigentümer gezielt Experten für Teilaufgaben einsetzen – etwa einen Grafiker und einen Texter, die ein Exposé und eine Internetpräsentation erstellen (siehe Seite 70), oder einen Gutachter für die Wertermittlung (siehe Seite 27). Wer eine Rechtsfrage hat – zum Beispiel, auf welche Mängel er in seinem konkreten Fall die Kaufinteressenten hinweisen muss – kann sich als Mitglied der Eigentümerverbände Haus & Grund bzw. Wohnen im Eigentum kostenlos beraten lassen. Ansonsten nennen Anbieter wie www.anwaltssuchdienst.de (Telefon 08 00/3 45 60 00) oder www.advogarant.de (Telefon 08 00/9 09 80 98) kostenlos Spezialisten für Immobilienrecht, die dann gegen Honorar helfen. Bei konkreten Fragen zum Vertrag gibt später der Notar Auskunft, ohne dafür zusätzliche Gebühren zu erheben (siehe Seite 104). Ein umfangreiches Dienstleistungspaket bieten auch einige Maklerfirmen zum Festpreis an (siehe Folgeseite).

Fachkundige Helfer kosten selbstverständlich etwas, dennoch bleibt dem Eigentümer, der gut informiert und geschickt selbst vermarktet, in der Regel unterm Strich mehr Geld, als wenn er einen Makler beauftragt hätte. Das gilt auch, wenn die Maklergebühr nach regionalem Brauch (siehe Seite 90) ganz oder teilweise vom Käufer zu zahlen wäre. Denn der bewilligt im Zweifel gern für das Objekt etwas mehr, wenn er es maklerfrei erwerben kann.

WAS FESTPREISMAKLER ZU BIETEN HABEN

Wer kann Interessenten eine Immobilie besser vorstellen als der Eigentümer? So fragt eine Maklerfirma in ihrer Werbung für ein recht neues Vermarktungskonzept, bei dem der Eigentümer die zeitaufwendigen Besichtigungen selbst durchführt, aber in allen anderen Belangen von Verkaufsprofis unterstützt wird. Sie

- schicken einen Gutachter zur Wertermittlung, der eventuell auch Ratschläge erteilt, wie das Objekt optimal zu präsentieren wäre,
- beauftragen einen Fotografen, die Immobilie abzulichten,
- gestalten und drucken das Exposé,
- schalten Anzeigen im Internet und manchmal auch in Zeitungen,
- stehen für Fragen des Privatanbieters bereit,
- vereinbaren in Abstimmung mit ihm die Besichtigungstermine,
- verhandeln mit Interessenten per Telefon über den Preis.

Der Service endet spätestens nach einem Jahr. Wer im Internet in einer Suchmaschine das Stichwort »Festpreismakler« und die nächste größere Stadt eingibt, findet häufig einen Anbieter. Die Entfernung zwischen seinem Büro und der Immobilie spielt eine geringere Rolle als bei einem umfassenden Verkaufsauftrag, weil ein Festpreismakler nicht zu Besichtigungen anreist. Bei einer Eigentumswohnung oder einem Reihenhaus verlangt er rund 900 Euro, bei einem freistehenden Eigenheim etwa 1.200 Euro. Die Honorare für Gutachter, Fotograf und Grafiker sind ebenso eingeschlossen wie der Druck der Exposés und eventuell die Kosten der Annoncen. Aber Achtung: Der Betrag wird auch fällig, wenn die Immobilie nicht verkauft wird. Der Privatanbieter muss vor der Auftragsvergabe die Qualität und den Umfang der Leistungen detailliert prüfen, insbesondere:

- Kann das Wertgutachten Kaufinteressenten überzeugen, weil sie den Sachverständigen für kompetent und vertrauenswürdig halten (siehe Seite 26)?
- Wie werbewirksam sind die Exposés gestaltet? Welche Auflage ist im Preis enthalten und was kosten bei späterem Bedarf weitere Exemplare? Erhält der Kunde die Druckvorlage, damit er eventuell selbst drucken lassen kann?
- Auf welchen Internetmarktplätzen wird wie lange für das Objekt geworben bzw. wie oft werden Anzeigen in welcher Größe und Gestaltung in welchen Zeitungen geschaltet?

Die Leistungen rund um das Exposé oder die Werbung kann ein Festpreismakler günstiger einkaufen als ein Eigentümer, der nur ein einziges Mal Aufträge zu vergeben hat. Zudem sollte der Profi wissen, welcher Gutachter realistische Verkehrswerte nennt.

Fazit: Wenn ein Festpreismakler seine Aufgabe ernst nimmt und den Kunden bei seinen Verkaufsbemühungen umfassend, kompetent und geduldig berät, ist er sein Geld wert. In den Niederlanden dominiert das Festpreismodell mittlerweile den Markt für Eigentumswohnungen und Standardeigenheime.

WELCHER PREIS ZU FORDERN IST

Gleich zu Beginn der Vermarktung muss der Eigentümer eine für den Verkaufserfolg entscheidende Frage beantworten: Zu welchem Preis biete ich meine Immobilie an?

Schwierige Aufgabe: die Preisfindung

Wie viel Geld der Eigentümer einst für das Objekt ausgegeben hat oder wie viel er braucht, um etwaige neue Pläne zu realisieren, spielt bei der Preisfindung keine Rolle. Entscheidend ist, was in der zur Verfügung stehenden Zeit erlöst werden kann. Fatal wäre es, darauf zu setzen, dass die Nachfrage bald anzieht. Zudem gilt für eine ganz oder teilweise ungenutzte Immobilie: Wird der Preis niedrig ansetzt, ist sie in aller Regel schnell verkauft – und was beim Erlös fehlt, wird zumindest teilweise dadurch wettgemacht, dass Belastungen durch Grundsteuer, Gebühren, Versicherungen und Darlehen früher wegfallen.

Eventuell Gutachter hinzuziehen

Privatanbieter, die keine Zeit für eine sorgsame Marktforschung hatten oder die deren Ergebnisse zur Sicherheit überprüfen wollen, werden einen Gutachter hinzuziehen (zur Auswahl siehe Seite 26). Da der Eigentümer sein Haus bzw. seine Wohnung zuvor für den Verkauf herausgeputzt hat (siehe Seite 48), wird die Bewertung für ihn so günstig ausfallen, wie es in der aktuellen Marktlage möglich ist. Anhand des Gutachtens und/oder eigener Recherchen setzt der Eigentümer den Angebotspreis fest. Dabei wird er einen Aufschlag von maximal 10 Prozent einkalkulieren, weil am Immobilienmarkt allemal Preisnachlässe üblich sind. Hierbei hilft es, die Taktik der Autohändler nachzuahmen: Sie halten den Basispreis hoch und kommen dem Kunden beim Zubehör entgegen. Entsprechend kann der Immobilienanbieter für sein Objekt den vom Gutachter ermittelten Verkehrswert verlangen plus Aufpreise für Extras wie Markisen, die Sauna, das Gartenhaus oder bei Eigentumswohnungen die Instandhaltungsrücklage. Und über diese Aufpreise kann man dann verhandeln.

Späteren Preisnachlass vorher einkalkulieren

Internet-Suchkriterien berücksichtigen

Am Ende der Preissetzung ist noch die Funktionsweise der Computerprogramme zu berücksichtigen, die auf den Internetmarktplätzen jedem Interessenten geeignete Objekte aus den Hunderttausenden von Angeboten heraussuchen – anhand der Kriterien, die er eingegeben hat. Eines davon ist der Betrag, den er maximal ausgeben will, und die meisten Kaufanwärter setzen runde Werte als Limit, zum Beispiel 175.000 oder auch 174.000 Euro. Eine Immobilie, die 176.000 Euro kosten soll, wird von der Suchsoftware deshalb viel weniger Interessenten vorgestellt, als eine für 174.000 Euro.

Fazit: Liegt die geplante Forderung knapp über einem der häufigen Schwellenwerte, sollte der Privatanbieter einen Teil seines Verhandlungsspielraums opfern und einen Preis knapp unter der Schwelle angeben. Dann sehen deutlich mehr Interessenten sein Angebot und die Verkaufschancen steigen.

Die nach reiflicher Überlegung festgelegte Preisforderung gilt es selbstbewusst vorzutragen: Zeigt sich der Anbieter unsicher, hat er im Poker mit dem Interessenten gleich die erste Runde verloren.

WAS EIN VERKAUFSFÖRDERNDES EXPOSÉ AUSZEICHNET

Bei seiner Marktforschung hat der Eigentümer gelernt, wie Angebote heute aussehen, um beachtet zu werden. Die Computer- und Drucktechnik macht einen gewinnenden, informativen und zugleich eleganten Auftritt schon bei Kleinstauflagen erschwinglich. Wichtige Erfolgskriterien sind:

- Eine gewinnende Überschrift, die das Besondere der angebotenen Immobilie hervorhebt, etwa »Wohnen am Waldrand«, »Ruhige Lage mitten in der City« oder »Viel Raum für die ganze Familie«.
- Erklärende Texte, die mit passenden Attributen die positiven Seiten der Immobilie herausstellen: von der sonnigen Terrasse, den eleganten Armaturen und den hochwertigen Holzarbeiten bis zur netten, ruhigen Nachbarschaft, den zahlreichen bequem zu Fuß erreichbaren Einkaufsstätten, den guten Schulen und gepflegten Sportstätten. Doch darf Negatives nicht verschwiegen werden, damit es nicht bei der Besichtigung zu Enttäuschungen und Ärger kommt. Vielleicht enthalten aber auch ungünstige Umstände positive Aspekte. Beispiel: »Unrenoviert, sodass der Erwerber

das Haus ganz nach seinem Geschmack gestalten kann.« Das Treppensteigen verliert an Schrecken, wenn es heißt: »Aus den Fenstern des 4. Obergeschosses schaut man weit über die Dächer der Stadt.«

- Informierende Fotos in professioneller Qualität, durchaus aber auch zur Ergänzung kleinere Detailbilder, welche die Lust wecken, dort zu wohnen: die blühenden Blumen auf dem Balkon oder am Hauseingang, der Kamin, die Designer-Sanitäranlagen. Dazu einige wenige Fotos aus der Umgebung: die Bushaltestelle bzw. der S-Bahnhof, der örtliche Sportplatz oder die Schule als Beleg für die gute Infrastruktur – und spielende Kinder, wenn ein familiengerechtes Haus mit Garten anzubieten ist.
- Ansprechende Grundrisse: Wer keine oder nur vergilbte, zerknitterte alte Architektenpläne besitzt, kann sehr preiswert neue anfertigen lassen (siehe Seite 54).
- Ein Stadtplan bzw. eine Landkarte des Einzugsgebiets, auf denen Läden, Kindergärten und Schulen, Arztpraxen, Sportstätten, Kultureinrichtungen, Bus- und Bahnhaltestellen usw. markiert sind, um die Vorteile der Wohnlage zu dokumentieren. Die meisten Karten dürfen nur gegen Gebühr für Werbezwecke genutzt werden, doch im Internet gibt es Gratispläne aller Orte unter www.openstreetmap.org.

Reiner Zeitverlust: falsche Erwartungen wecken

Ein so gestaltetes Exposé ist auch bei einem Mietshaus bzw. einer vermieteten Eigentumswohnung sinnvoll, damit die Kaufinteressenten sehen: Dort wird alles geboten, was Mieter suchen, also lässt sich das Objekt stets profitabel vermieten. Doch wenn die Präsentation übertriebene Erwartungen weckt, führt sie zwar zu vielen Besichtigungen, aber die enttäuschen die potenziellen Käufer und sind dann reine Zeitverschwendung.

Grafiker einbeziehen, damit das Exposé in Form kommt

Schon mit einer Standardtextverarbeitung für den PC, etwa Word, lassen sich mit Geschick und Geduld ansehnliche Exposés erstellen. Bei einer Zwei-Zimmer-Standard-Eigentumswohnung genügen die Vorder- und Rückseite eines DIN-A4-Blatts, eine Villa verdient mehr Seiten. Wer das Exposé von Profis erstellen lassen will, findet Adressen von Grafikdesignern und kleinen Werbeagenturen im Branchentelefonbuch – oder sucht mit einer Suchmaschine im Internet, wo sie dann gleich Referenzarbeiten zeigen. Auch Copyshops oder kleine Druckereien können meist Gestalter empfehlen. Den geeignet erscheinenden Grafikern zeigt der Auftraggeber am besten Exposés, die ihn bei seiner Marktforschung überzeugt haben, und handelt auf dieser Basis den Preis für Entwurf und Druckvorlage aus. Liegt der Exposé-Entwurf vor, sollte der Eigentümer auch Bekannte – möglichst aus der Käuferzielgruppe – fragen, ob sie sich davon angesprochen fühlen. Passt alles, werden am besten gleich einige hundert Exemplare gedruckt. Denn nicht nur Interessenten, die sich auf eine Zeitungsanzeige melden, werden das Exposé erhalten, sondern ebenso Ansprechpartner, die es an mögliche Käufer weiterreichen. Billiger und besser als ein privater Farbdrucker erledigen kleine Druckereien oder Copyshops den Auftrag. Vor dem Gespräch mit ihnen lohnt ein Preisvergleich im Internet: Einfach das Suchwort »Copyshop« eingeben. 250 Exemplare eines vierseitigen Farbexposés im DIN-A4-Format – also ein Blatt DIN A3 gefaltet – gibt es bereits für rund 150 Euro. Die Fotos und Texte des Exposés dienen auch als Basis für die Präsentation im Internet, denn der Werbeauftritt sollte einheitlich wirken.

Selbst drucken nicht immer die beste Lösung

WARUM SICH EINE EIGENE INTERNETSEITE LOHNT

Schon für wenige Euro pro Monat lassen sich eigene Internetseiten, auf denen die zum Verkauf stehende Immobilie von ihrer besten Seite gezeigt wird, ins Netz stellen. Webhosting-Firmen – zu finden mit der Suchmaschine unter dem Suchbegriff »Webhosting« – liefern den entsprechenden Speicherplatz. Dann kann jeder Interessent von seinem PC aus diese

Heute kein großes Problem mehr: eine eigene Internetseite einzurichten

Seiten aufrufen: ein weltweit erreichbares elektronisches Exposé. Wer mit dem Internet vertraut ist, kann solche Seiten mit einer kostenlosen Software selbst einrichten, sonst übernimmt das mancher Webdesigner schon ab 200 Euro inklusive Mehrwertsteuer. Falls ein Grafiker das Exposé gestaltet hat, kennt er vielleicht einen solchen Experten oder er übernimmt diese Aufgabe gleich mit. Alternative: In die Suchmaschine »Webdesigner« und dazu den Namen der Stadt eingeben und in der Ergebnisliste einen geeigneten Helfer aussuchen. Ideal ist es, wenn die Adresse, unter der das elektronische Exposé aufgerufen werden kann, zum Angebot passt, etwa bei einer Eigentumswohnung in Mainz www.gruenlage-mainz.de oder www.wohnen-mit-domblick.de. Ist der gewünschte Name mit der Endung .de bereits vergeben, hat man vielleicht Glück bei .net oder .info.

Die Internetadresse kann dann auf Werbezetteln oder in Zeitungsanzeigen genannt werden, sodass sich Interessenten dort umfassend informieren können. Diejenigen, zu denen die Immobilie passt, werden sich beim Eigentümer melden. Die Übrigen ersparen sich und ihm den Anruf.

WIE DAS UMFELD IN DIE WERBEKAMPAGNE EINBEZOGEN WIRD

Keine falsche Scheu: Wer seine Immobilie verkaufen will, sollte seine Nachbarn frühzeitig ansprechen und dabei plausible Gründe für den Verkauf nennen, um Gerüchten vorzubeugen. Die Nachbarn werden ohnehin bald vom anstehenden Verkauf erfahren. Da ist es besser, sie durch eine offensive Information als Werbebotschafter zu gewinnen.

Maklergalgen und Maklernasen

Werbemittel, wie sie Makler nutzen, liefern Internethändler. Beispielsweise ein Aluminiumpfosten für den Vorgarten mit Querlatte und einem Schild »Zu verkaufen« mit der Telefonnummer des Anbieters – Branchenjargon: Maklergalgen –

kostet rund 200 Euro. Für Anbieter einer Eigentumswohnung empfiehlt sich die Maklernase, drei Stück mit individuellem Aufdruck für 160 Euro: Ein 140 Zentimeter breites und 50 Zentimeter hohes Kunststoffschild mit Knick in der Mitte, das rechts und links in den Fensterrahmen geklemmt wird und dann wie eine Nase über die Fassade hinausragt. So werden Passanten aufmerksam – und mancher, der durch das Wohngebiet spaziert, würde sicher dort gern wohnen. Um Anbieter solcher Werbemittel im Internet zu finden, einfach als Stichwort „Maklergalgen" in eine Suchmaschine eingeben.

Exposé weit streuen

Auch das weitere Umfeld der Immobilie sollte Bescheid wissen. So lohnen sich Anrufe bei den Personalabteilungen größerer Betriebe: Vielleicht hängen sie Exposés, die ihnen zugesandt werden, an ein Mitteilungsbrett oder setzen einen Hinweis in ihr Intranet. Die Berater in den Kreditinstituten vor Ort sollten ein Exposé erhalten, auch wenn ihre Häuser vielfach mit bestimmten Maklern zusammenarbeiten. Und warum nicht ein auffälliges Infoblatt hinter der Seitenscheibe des Autos befestigen und das Gefährt vor dem Kindergarten abstellen, wenn man eine familiengerechte Immobilie verkaufen will? Wer eine Immobilie in der Stadt anbietet, kann mit einem Plakat an der Landstraße oder am Bahnhof die Pendler ansprechen – Tenor: Wenn Sie hier wohnen würden, wären Sie jetzt schon zu Hause. Hilfreich ist auch ein Werbezettel im Postkartenformat, der neben den wichtigsten Angaben zum Objekt die Adresse der eigenen Internetseite nennt, auf der Fotos und Details stehen (siehe Seite 71). Ein solcher Zettel lässt sich zum Beispiel auf Infotafeln platzieren, die es in vielen Supermärkten gibt; eine noble Villa wirkt an einer solchen Pinnwand allerdings deplatziert.

WARUM DIE MARKTPLÄTZE IM INTERNET SO WICHTIG SIND

Die meiste Arbeit haben bereits andere geleistet: Auf den Immobilienmarktplätzen im Internet stehen vorgefertigte Seiten bereit – der Kunde braucht nur noch die Fotos seiner Eigentumswohnung bzw. seines Hauses, einen Grundriss sowie die wichtigsten Texte, die er auch im Exposé verwendet hat, einzustellen. Wie das geht, wird anschaulich erklärt. Das Computersystem ergänzt die Eingaben meist mit einem Stadtplan, einer Straßenkarte und oft auch mit einer Satellitenaufnahme des Immobilienstandorts. So wird das zum Verkauf stehende Objekt überzeugend präsentiert. Auf diese Werbemöglichkeiten sollte kein Privatanbieter verzichten, weil die wichtige Käufergruppe der 30- bis 50-Jährigen das Internet intensiv nutzt. Wer eine solche Inseratseite nicht selbst füllen will, findet oft im Bekanntenkreis einen hinreichend erfahrenen Helfer.

Die richtigen Portale wählen

Da viele Interessenten nur die bekanntesten Portale nutzen, ist es sinnvoll, mindestens in einem der Top 3 zu werben und sich im Übrigen darauf zu verlassen, dass die Kaufanwärter mehrere Marktplätze aufsuchen. Ohne Frage lohnt es, das Gratisportal www.immozentral.com zu nutzen sowie im Raum Stuttgart, www.immowuerttemberg.de, wo Private ebenfalls kostenlos inserieren können. Generell gibt es zahlreiche Verbindungen zwischen Internetportalen und Tageszeitungen, die dann Kombinationstarife für die Werbung in beiden Medien bieten.

Ohne Zutun der Anbieter werden viele Angebote auf den Internetseiten von www.immobilo.de, www.nestoria.de und immobilien.trovit.de gezeigt. Das sind Metasuchmaschinen: Gibt ein Interessent hier seine Wünsche ein, zeigen sie Offerten von anderen Marktplätzen. Sie ziehen allerdings weniger Interessenten an als die führenden Portale: Verglichen mit den Angaben in der folgenden Tabelle kommen rund 500.000 Besucher zu Immobilo oder Nestoria und 200.000 zu Trovit. Der

Trick, billig auf einem der kleineren Marktplätze zu inserieren und über die Metasuchmaschinen das große Publikum zu erreichen, funktioniert also nur begrenzt.

Was eine Anzeige im Internet kostet

Wer eine Immobilie verkaufen will, muss sie heute auf den großen Immobilienmarktplätzen im Internet inserieren. Die Tabelle zeigt die fünf meistbesuchten Portale. Souveräner Marktführer ist Immobilien Scout 24, was sich im Preis widerspiegelt.

Internet-Adresse	Anzeigenpreis*	Besucher**
www.immoscout24.de	49,90 €	4.745.000
www.immowelt.de	39,90 €	2.423.000
www.immonet.de	34,95 €	1.803.000
www.immozentral.com	gratis	383.000
www.immopool.de	14,90 €	344.000

*) Für vier Wochen, Stand: 16. März 2012. Quelle: eigene Recherche.
**) Pro Monat, wer die Seite innerhalb eines Monats mehrfach besucht, wird nur einmal gezählt. Quelle: Nielsen, Januar 2012.

WIE ZEITUNGSANZEIGEN FÜR NACHFRAGE SORGEN

Eine Annonce in der Regionalzeitung ist immer empfehlenswert, selbst wenn sie oft teurer ist als der Auftritt im Internet. Schließlich sollen auch die Interessenten angesprochen werden, die selten oder nie im Web surfen. Schon die fett gedruckten Stichwörter am Anfang des Anzeigentextes müssen die Zielgruppe ansprechen: Familien interessiert die »kinderfreundliche Südstadt«, Singles und kinderlose Paare wünschen sich »Komfort in der City«, Studenten bevorzugen »Wohnen im Univiertel«. Es lohnt sich zu schauen, wie Makler formulieren. Sie verwenden meist nur wenige Abkürzungen, weil diese den Text schwer lesbar machen. Die Größe der Anzeige sollte sich etwas nach dem Wert des Objekts richten. Für eine kleine Eigentumswohnung genügt ein Vierzeiler. Eine

Zielgruppen genau ansprechen

Villa braucht den doppelten Raum und zwar möglichst zweispaltig, wobei ruhig einiger Platz textfrei bleiben darf, denn weiße Flächen fallen im Grau der Anzeigenseiten auf. Ebenso sorgt ein Rahmen um die Annonce für Beachtung.

Internetseite in der Anzeige angeben

Stets lohnt es sich, in der Zeitungsanzeige die Kennnummer einer Offerte anzugeben, die zeitgleich auf einem Internetmarktplatz geschaltet wird. Denn sie kann wichtige Zusatzinformationen liefern. Leider erlauben manche Zeitungsverlage solche Verweise nur, wenn sie zu ihren Internetseiten führen. Schlecht ablehnen können sie allerdings die Angabe einer Internetseite des Inserenten, die über den Verkauf informiert (siehe Seite 71).

Ob mit oder ohne Internetunterstützung: Wer sich für die Immobilienofferte interessiert, sollte den Anbieter möglichst einfach erreichen können. Deshalb wird in Anzeigen statt der früher üblichen Chiffrezahl heute meist eine Mobiltelefonnummer angegeben. Wenn sich der Anbieter für diesen Zweck ein preiswertes Zweithandy mit Prepaid-Card zulegt, weiß er: Wenn das Gerät klingelt, ist es ein potenzieller Käufer. Zudem kann er es zeitweise abschalten, während er unter seiner gewohnten Nummer für andere Anrufer erreichbar bleibt.

WIE ANRUFE ZUR VERKAUFSCHANCE WERDEN

Damit der Privatanbieter nicht in Stress gerät, wenn das Telefon klingelt, sollte er vor der ersten Werbeaktion überlegen, wie er die Gespräche mit Interessenten führen will. Es geht nicht nur darum, die Fragen des Anrufers zu beantworten, sondern auch zu ergründen, was er wünscht. Etwa: »Ich freue mich, dass Sie mein Angebot interessiert. Was hat Ihnen besonders gefallen?« Dann kann der Anbieter gezielt die dazu passenden Eigenschaften seiner Immobilie hervorheben. Am besten schreibt er wichtige Fragen auf und legt den Zettel zum Handy.

Interessenten, die sich aufgrund einer Zeitungsanzeige melden und entsprechend wenig über die Immobilie wissen, sollten nach einem kurzen Gespräch stets zunächst das Exposé erhalten. Das vermittelt in Wort und Bild mehr Informationen, als der Anbieter am Telefon bieten kann. So werden Besichtigungen von Leuten vermieden, für die das Objekt nicht infrage kommt. Nutzt der Anrufer das Internet, wird ihm die Web-Adresse des elektronischen Exposés (siehe Seite 72) genannt, die anderen Interessenten bekommen ein gedrucktes Exemplar per Post. Nebeneffekt des Postversands: Der Anbieter erfährt die Anschrift des Anrufers und kann mit ihm über die dortige Wohnlage sprechen und sie mit der des eigenen Objekts vergleichen.

Exposé erspart unnötige Besuche

Wer das Exposé kennt und sich wieder meldet oder aufgrund der Offerte auf einem Internetmarktplatz gut informiert anruft, sollte kurzfristig einen Besichtigungstermin erhalten. Ergibt es sich nicht ohnehin im Gespräch, sollte der Privatanbieter zumindest bei einem Objekt der Oberklasse um Verständnis dafür bitten, dass er selbst einige Fragen vorab stellt – etwa nach Adresse, Beruf, Arbeitgeber und bei einem Eigenheim auch nach Familiensituation und dem gewünschten Einzugstermin.

Ernsthaften Interessenten kurzfristigen Besichtigungstermin anbieten

Gerade Interessenten für hochwertige Immobilien schalten oft einen Makler ein, ferner generell Auswärtige, Vielbeschäftigte oder Senioren, die nicht selbst suchen können bzw. wollen. Prima, wenn ein so beauftragter Vermittler anruft. Er sollte aber berichten können, was sein Kunde wünscht, bevor ihm der Immobilienanbieter vom eigenen Objekt erzählt. So lässt sich einschätzen, ob der Makler tatsächlich im Auftrag handelt – oder das nur behauptet, um anschließend zu empfehlen, ihn mit dem Verkauf zu beauftragen. Wenn ein Makler mit diesem Anliegen wiederholt ungebeten anruft, kann der Privatanbieter drohen, die Bundesnetzagentur zu informieren – und es im Extremfall auch tun. Sie verhängt in solchen Fällen Bußgelder. Informationen dazu unter www.bundesnetzagentur.de, Stichwort Rufnummernmissbrauch.

Ob es nun ein ärgerlicher oder erfreulicher Anruf war: Da sich die Verkaufsbemühungen meist über Monate hinziehen, ist es wichtig, jedes Gespräch kurz zu protokollieren, beginnend mit dem ersten Telefonat: Datum, Uhrzeit, Name, Telefonnummer, Adresse, Grund des Interesses (Neugierde, mittelfristiger oder dringender Bedarf, Schnäppchenjäger), mit dem Anrufer getroffene Absprachen. Jeder Interessent erhält ein neues Blatt, das abgeheftet und gegebenenfalls nach jedem weiteren Kontakt ergänzt wird – so entsteht ein Porträt jedes potenziellen Käufers.

Was Verkaufstrainer empfehlen

Telefonieren: Vor dem Wählen notieren, was man mitteilen und erreichen will. Zuerst klären, ob der Angerufene jetzt Zeit hat, gegebenenfalls ihm für später zwei konkrete Telefontermine zur Wahl stellen, also nicht unverbindlich verabschieden. Während des Gesprächs lächeln, denn die Stimme klingt dann freundlicher. Kalender bereithalten für Terminabsprachen.

Wortwahl: Statt vom Preis einer Immobilie von deren Wert sprechen. Sie wird nicht verkauft, viel mehr kann man das Eigentum erwerben – und dafür macht man keine Schulden und kann hoffentlich die Belastung tragen, sondern man finanziert zu den derzeit einmalig günstigen Zinsen. Dinge sind nicht teuer, was nach Verschwendung klingt, sondern hochwertig. Wenn Menschen einen Vertrag unterschreiben sollen, fürchten sie, übervorteilt zu werden – lieber bestätigen sie eine Vereinbarung.

Fragetechnik: Verkaufsprofis unterscheiden verschiedene Situationen. Wollen sie etwas vom Kunden erfahren, fragen sie nicht »Passt der Grundriss zu Ihren Wünschen?« sondern »Was gefällt Ihnen am Grundriss?«, damit ein Gespräch entstehen kann. Bei Entscheidungen geben sie dem Gegenüber zwei Alternativen vor, die beide für sie akzeptabel sind: »Treffen wir uns um 16 oder 18 Uhr?«. Die meisten Menschen sind so höflich, dass sie sich unbewusst bemühen, einen dieser Vorschläge zu akzeptieren. Sie mögen auch ihrem Gesprächspartner ungern widersprechen. Deshalb stimmen sie bei Suggestivfragen wie »Ist das nicht ein schöner Garten« meist zu – und glauben es dann oft selbst. Auf ihnen unangenehme Aussagen reagieren Profis mit einer Gegenfrage: »Warum glauben Sie das?«. Nun wird der Kunde seine Gründe darlegen, der Verkäufer gewinnt Zeit und kann konkret dagegen halten.

WELCHE BESICHTIGUNGEN DIE INTERESSENTEN ÜBERZEUGEN

Keine Vorführung ohne Generalprobe. Was für das Theater gilt, ist auch für eine Hausvorführung richtig. Deshalb sollte ein Privatanbieter zuerst Bekannten seine Immobilie zeigen und dabei die notwendige Zeit messen. Richtwerte: Für eine Wohnung gelten unter Maklern 30 Minuten als ausreichend, ein Haus erfordert mit all den notwendigen Erklärungen oft eine Stunde. Melden sich mehrere Interessenten, sollten sie in gehörigem Abstand zum Ortstermin kommen. Denn keiner sollte warten – und es kann nun mal passieren, dass die einen Besucher zu spät bzw. die anderen zu früh kommen oder eine Besichtigung unerwartet lange dauert. Mehrere Interessentengruppen sollten nicht gemeinsam durch die Immobilie laufen, weil es dann nicht möglich wäre, individuell auf sie einzugehen. Und ein Miesepeter, der sich mit seiner Kritik an der Wohnung bzw. dem Haus wichtig machen will, kann anderen Besuchern die Kauflaune verderben.

Termine richtig planen

Stets sollte sich der Privatanbieter bewusst machen, dass er Unbekannte in seine Räume lässt: Wertsachen werden also weggeräumt. Auch darf ein Eigentümer nicht erwarten, dass Interessenten unbedingt nett sind. Manche prüfen die Installation oder die Fenster, als wäre es ein Crashtest. Wer sich gegenüber Fremden ohnehin eher unsicher fühlt, bittet einen Bekannten zu den Terminen – so als wäre der gerade zufällig vorbeigekommen, um zum Beispiel über eine Reise zu sprechen, und warte nun, bis die Führung zu Ende geht.

Nicht immer angenehm: fremde Menschen im Haus

Hervorragend, wenn sich die Termine so verabreden lassen, dass sich die Immobilie zu der Zeit wortwörtlich in bestem Licht zeigt: Bei Sonnenschein gewinnt jedes Objekt an Glanz.

Wenn dann noch alles blitzblank geputzt und frisch gelüftet ist, sollte die Vorführung perfekt gelingen (siehe Seite 48).

Tipp

Besondere Aufmerksamkeit verdient bei Paaren, die ihr künftiges Heim suchen, die Frau. Sie entscheidet letztlich, welche Immobilie gekauft wird – da sind sich die Makler sicher.

Gute Stimmung ist angesagt. Jeder kennt es vom Autohandel: Nur ein Verkäufer, der von seinen Fahrzeugen begeistert ist, weckt das Interesse der Kunden. Entsprechend muss es dem Eigentümer, der seine Immobilie verkaufen will, gelingen, gut gelaunt zu wirken – auch wenn ihm vielleicht gerade wegen des Verkaufs und seines Hintergrunds anders zu Mute ist.

Kommen die Besucher missgelaunt an, weil sie im Stau standen oder sich verfahren haben, wollen sie nicht noch gefragt werden, ob sie die Adresse gut gefunden haben. Der Gastgeber dankt besser einfach nur für das Kommen und bietet Kaffee, Saft und Wasser an – aber keine Kaffeetafel, schließlich handelt es sich nicht um eine Familienfeier. Nachdem sich die Gäste dank der Getränke von der Anfahrt erholt haben und der Gastgeber einiges Positive über die Immobilie und ihr Umfeld gesagt hat, sollte der Rundgang zügig beginnen.

Bei der Tour durch die Räume sollte der Anbieter nur größere Schäden, die ohnehin sichtbar sind, kurz ansprechen und vorschlagen, darüber am Ende des Rundgangs anhand der vorhandenen Belege und Kostenvoranschläge zu sprechen. Andernfalls dominiert dieses Negativthema den gesamten Rundgang. Die Schramme an der Badewanne sehen die Kaufanwärter ohnehin selbst, und sie interessiert sie vielleicht gar nicht, weil sie das Bad komplett erneuern wollen. Auch etwaige Schwächen des Grundrisses sollte der Anbieter nicht erwähnen. Fragt er etwa »Das Kinderzimmer ist doch groß genug – oder?«, macht er die Besucher vielleicht erst auf die fehlenden Quadratmeter aufmerksam.

Tipp

Anhand der Fragen, welche die Kaufanwärter während des Rundgangs stellen, lässt sich ihr Interesse einschätzen. Wer nach Baujahr, Materialien oder den Läden und Schulen rundum fragt, kann sich eventuell einen Erwerb vorstellen, vergleicht aber noch mit anderen Angeboten. Interessieren sich Besucher für den möglichen Einzugstermin, die Verteilung von Renovierungskosten oder gar Details der Bezahlung, stehen sie wohl kurz vor der Entscheidung. Zeigen sie sich schweigsam, sind sie vielleicht nicht interessiert. Oder sie stehen erst am Anfang ihrer Suche und kennen sich nicht recht aus. Dazu würde es passen, wenn sie bei einem Eigenheim nur vage angeben, wann sie gern einziehen würden.

Attraktiven Schlusspunkt der Besichtigung finden

Am besten endet die Tour durch die Räume bei einer Attraktion: der Terrasse bzw. dem Balkon mit dem Blick ins Grüne, der schicken Einbauküche, dem komfortablen Bad. Die letzten Bilder prägen sich den Interessenten am besten ein, wissen Verkaufstrainer. Anschließend wäre die Zeit gekommen, Unterlagen zu den ernsten Schäden vorzulegen, die vorher angesprochen wurden – sowie zu weiteren, die nicht sofort sichtbar sind bzw. repariert wurden, auf die der Eigentümer aber einen Erwerber nach Treu und Glauben hinweisen muss (siehe Seite 111). Fürchtet ein Interessent, dass eine Reparatur teurer wird, als im Kostenvoranschlag angegeben, kann der Eigentümer anbieten, die Sache selbst richten zu lassen – wenn der Kaufpreis entsprechend dem Voranschlag erhöht wird. Wenn ein überzeugendes Wertgutachten (siehe Seite 27) oder ein günstiger Energieausweis (siehe Seite 55) vorhanden sind, sollten sie Interessenten stets vorgelegt werden. Andernfalls werden die Unterlagen für den Fall bereitliegen, dass sie ein Besucher sehen will. Solche Offenheit schafft Vertrauen, was sich gerade bei Interessenten auszahlt, die besonders kritisch oder gar ruppig auftreten. Denn mit solchem Verhalten wollen sie oft ihre Unsicherheit überdecken.

Offenheit schafft Vertrauen

Idealerweise kommt das Gespräch am Ende der Besichtigung auf ein Thema, bei dem Anbieter und Interessenten übereinstimmen – etwa wie wertvoll Immobilienbesitz gerade in unsicheren Zeiten ist, wie günstig es derzeit Kredite gibt oder wie gut es ist, im Alter mietfrei wohnen zu können – und welche Vorteile die gerade besichtigte Immobilie bietet. Deren Attraktivität sollte der Anbieter in wenigen Sätzen benennen – und sogleich plausibel erklären, warum er sich dennoch von ihr trennen will.

Sich nicht mit Floskeln abspeisen lassen

Wenn die Besucher noch kein gedrucktes Exposé besitzen, erhalten sie es zum Abschied als Gedächtnisstütze. Der Anbieter sollte die Interessenten dann möglichst nicht mit vagen Abschiedsfloskeln ziehen lassen, wie: »Wir melden uns, wenn wir uns entschieden haben.« Er fragt besser nach, welche Auswahlkriterien angelegt werden und welche weiteren Informationen bei der Entscheidung helfen können. Mit den Antworten lässt sich die Ernsthaftigkeit eines Interesses einschätzen – und sie bieten Anknüpfungspunkte, um die Besucher nach etwa einer Woche noch einmal anzurufen. In der Regel werden ernsthafte Interessenten das Objekt erneut anschauen wollen, oft begleitet von einem Fachmann.

WIE DER VERKAUF VEREINBART WIRD

Hat sich der Verkäufer mit einem Käufer geeinigt, ist es im Interesse beider Seiten, die Eckpunkte des Geschäfts aufzuschreiben und gemeinsam zu unterzeichnen. Das beugt Missverständnissen vor. Auch wenn die Vertragsparteien erst mit der notariellen Beurkundung rechtlich gebunden sind, fühlen sich die meisten Käufer durch das Papier stärker verpflichtet, als wenn der Handel nur mündlich verabredet worden wäre. Die Vereinbarung dient dem Notar zudem als Grundlage, wenn er den Vertrag entwirft.

Hier eine Liste mit allen Informationen, die der Notar für seinen Text benötigt:

- Namen und Adresse des/der Eigentümer(s) und des/der Käufer(s), möglichst auch Geburtsdatum und Geburtsort, Familienstand und bei verheirateten Vertragsbeteiligten den jeweiligen Güterstand wie zum Beispiel Zugewinngemeinschaft;
- eindeutige Bezeichnung des Objekts mit Adresse, Grundbuchbezeichnung (»Grundbuch des Amtsgerichts … von …, Blatt …«) sowie die Art der Bebauung (»Einfamilienhaus«) und Baujahr;
- ob das Kaufobjekt vermietet ist;
- vereinbarter Kaufpreis und das Datum, zu dem er gezahlt werden soll (Fälligkeit);
- welche im Grundbuch eingetragenen Rechte vom Käufer übernommen werden;

- welche Extras (Einbauküche, sonstige Einbauten, Gartenhaus, Markisen, Heizöl) zu welchem Preis zusätzlich erworben werden (siehe Seite 48);
- geplanter Übergabetermin (siehe Seite 110);
- gewünschter Zeitrahmen für den Notartermin (zum Beispiel 20. Kalenderwoche, außer Donnerstag);
- Absprache, ob der Käufer oder der Verkäufer einen Notar auswählt und beauftragt bzw. dessen Name, falls bereits feststeht, wer es sein soll.

Wer als Verkäufer die Vereinbarung vorbereitet und bereits seine Daten und die der Immobilie eintippt, braucht nur noch wenige Angaben nachzutragen – vor allem den Kaufpreis und die Unterschriften.

Üblich ist es, dass der Käufer – wenn er es wünscht – den Notar bestimmt (siehe Seite 104), aber der Verkäufer sollte diplomatisch auf einem baldigen Beurkundungstermin bestehen. Denn typischerweise halten Kaufinteressenten weiterhin nach Immobilien Ausschau, und sei es nur, um sich zu bestätigen, dass sie eine gute Wahl getroffen haben. Aber wer weiß, welches Angebot gerade noch auf den Tisch flattert.

Tipp

Sind sich Verkäufer und Käufer handelseinig, sollte der Notartermin bald erfolgen. Der Käufer wird verstehen, dass der Verkäufer bald Klarheit haben will, da dieser nach der Vereinbarung darauf verzichtet, Gespräche mit weiteren Interessenten zu führen. Deshalb ist es für ihn auch beruhigend, wenn der Käufer zumindest plausibel erklären kann, wie er den Erwerb finanzieren will.

WIE EIGENTÜMER IHREN MAKLER ZUR SPITZENLEISTUNG ANSPORNEN

In der Theorie ist die Immobilie schnell verkauft: Man gibt einem Makler den Auftrag und der findet kurzfristig einen Käufer, der den Traumpreis zahlt. Doch die Realität sieht meist anders aus: Der Verkäufer muss sehr genau hinschauen, um einen leistungsfähigen Vermittler zu finden. Ihn muss er dann durch klare Absprachen zu engagiertem Handeln verpflichten und dabei tatkräftig unterstützen.

WELCHER MAKLER DER RICHTIGE IST

Die Spreu vom Weizen trennen

Geschichten über unseriöse Vermittler gibt es zuhauf: Manche behaupten beim ersten, unverbindlichen Gespräch mit dem verkaufswilligen Eigentümer, dass sie bereits einen zahlungskräftigen Interessenten an der Angel haben, der genau so eine Immobilie, wie die seine, händeringend sucht – doch wenn der Maklervertrag unterschrieben ist, hat der Kaufanwärter plötzlich seine Pläne geändert und monatelang findet sich kein weiterer. Andere Vermittler stellen einen unrealistisch hohen Erlös in Aussicht, um an einen Auftrag zu kommen, und raten bald danach zu einer Preissenkung, weil sich die Marktlage unvorhersehbar verschlechtert habe. Ganz üble Vermittler landen einen Doppelschlag: Sie versichern einem Eigentümer, der umziehen will, dass sie sein jetziges Domizil binnen weniger Wochen zum Toppreis verkaufen werden – und welch ein Glück: Sie können gerade eine Immobilie zum Schnäppchenpreis anbieten, die zu den gewandelten Wünschen des Kunden passt. Er müsse nur schnell zugreifen. Folgt er ihrem Rat, gerät er in die Klemme: Er muss das neue Objekt bezahlen, aber das alte wird zum Ladenhüter und bringt letztlich viel weniger Geld ein, als zugesagt.

Solchen Fallen entgeht ein Immobilieneigner, wenn er vor der Maklerauswahl einige Monate lang den Markt beobachtet hat, zahlreiche Exposés anforderte und ihre Qualität prüfte sowie diverse Objekte, die seinem ähneln, besichtigte (siehe Seite 15). Er kennt dann die meisten Maklerfirmen seiner Stadt bzw. seiner Region und weiß:

- wer seine Angebote mit gewinnenden Bildern und informativen Texten auf den wichtigen Immobilienmarktplätzen im Internet sowie in den Exposés präsentiert und sie regelmäßig mit markanten, einheitlich gestalteten Anzeigen in der Regionalzeitung inseriert – ohne übertrieben positive Darstellungen, die Kunden nur enttäuschen und verärgern;

- wer eventuell auf Immobilien der Art, wie sie der angehende Verkäufer besitzt, spezialisiert ist, sodass sich Interessenten an diesen Vermittler wenden, auch wenn er gerade nichts Passendes inseriert;
- wer über ein Büro verfügt, in dem Mitarbeiter von Montag bis Samstag zu den üblichen Geschäftszeiten persönlich anzutreffen sind und allgemeine Anfragen prompt, kompetent und freundlich beantworten;
- wer bei Anfragen über die Angebote ausführlich und objektiv informiert sowie Interessenten die richtigen Fragen stellt, um deren Motive, Bedürfnisse und finanzielle Möglichkeiten genau kennenzulernen;
- wer eine Besichtigung lediglich dann vorschlägt, wenn die Kundenwünsche wirklich zum Objekt passen;
- wer nur Einzelbesichtigungen vornimmt, um sich jedem Interessenten widmen zu können, und auch Termine am Wochenende akzeptiert, um etwa Auswärtigen einen Besuch zu ermöglichen;
- wer sich mit seinen Angeboten intensiv befasst, sodass er auch über technische Details Auskunft geben kann, etwa Wandaufbau, Dachdämmung, Heizsysteme oder durchgeführte Renovierungsarbeiten;
- wer bei Kunden, die ein Exposé erhielten oder bereits eine Immobilie besichtigt haben, nachfragt, um ihr Interesse mit weiteren Informationen zu fördern.

Ein verkaufswilliger Eigentümer, der keine Gelegenheit zu einer ausgiebigen Markterforschung fand, wird sich bei Bekannten umhören, welche Makler ihnen negativ oder positiv aufgefallen sind. Bei erfolgreichen Verkäufern gilt es, genauer nachzufragen:

Tipp

Bei einem Makler, den Bekannte empfohlen haben, kann der Eigentümer gezielt mit einigen Probeanfragen selbst prüfen, wie sich der Vermittler und sein Team gegenüber Kaufinteressenten verhalten – entsprechend den auf Seite 84 genannten Qualitätsmerkmalen. Vielleicht helfen Freunde beim Test mit, um ihn zu beschleunigen und zu objektivieren.

- Hat der Makler realistische Angaben zum erzielbaren Preis und der voraussichtlichen Zeit bis zum Verkauf gemacht?
- Hat er Vorschläge unterbreitet, wie die Immobilie mit einfachen Mitteln aufzuwerten ist (siehe Seite 49)?
- Hat er mit seinem Kunden alle Schritte des Verkaufs abgesprochen – von der Festlegung des Angebotspreises über die Gestaltung des Exposés bis zu Verhaltensregeln für Besichtigungen und Gespräche mit Kaufinteressenten?

Für Eigenheime und kleine Mietobjekte kommen generell nur Makler aus der jeweiligen Stadt bzw. Region infrage: Sie kennen den Markt und haben bei Besichtigungen keine langen Wege. Die Mitgliedschaft im Immobilienverband Deutschland (IVD) ist kein Gütesiegel, immerhin aber müssen die Mitglieder ihre Fachkunde und eine Vermögensschaden-Haftpflichtversicherung nachweisen, ferner hat der Verband einen Ombudsmann berufen, der Beschwerden über Mitgliedsfirmen nachgeht.

Erschwert wird die Wahl dadurch, dass Maklerfirmen meist mehrere Mitarbeiter beschäftigen. Bei einem guten Unternehmen kann man an einen schwachen Vermittler geraten. Obwohl es den perfekten Makler kaum gibt, kristallisieren sich in der Praxis meist zwei oder drei Makler heraus, die für eine Zusammenarbeit in Frage kommen. Mit ihnen sollte sich der angehende Verkäufer jeweils verabreden: am besten gleich in der zu verkaufenden Immobilie und auf jeden Fall mit dem Vermittler, der nachher für den Auftrag zuständig wäre.

Vor den ersten Terminen mit Maklern sollte sich der Eigentümer Gedanken darüber machen, welche vertraglichen Absprachen er mit ihnen treffen will. Denn darüber werden sie baldmöglichst sprechen wollen. Schließlich bieten sie die unverbindliche Erstberatung mit dem klaren Ziel an, einen Auftrag zu erhalten.

WAS DER MAKLER VOM KUNDEN FORDERN DARF

Mehrere Makler bringen nicht automatisch mehr Erfolg

Die Idee scheint bestechend: Der Eigentümer erteilt allen qualifizierten Vermittlern einen Maklerauftrag und fahndet auch selbst nach Interessenten, eine wahre Treibjagd, durch die der passende Käufer schnell aufgespürt sein sollte. Doch die Praxis sieht anders aus: Je mehr Makler einen Auftrag zum Verkauf der Immobilie erhalten, umso weniger wird sich der Einzelne vermutlich engagieren. Das liegt an der Grundregel der Branche, wonach ein Makler nur dann die Provision – auch Courtage, Honorar oder Vermittlungsgebühr genannt – verdient, wenn er

- die Verkaufs- bzw. Kaufgelegenheit nachgewiesen hat, das heißt die Informationen lieferte, die Verkäufer und Käufer zusammenführten, oder
- den Abschluss vermittelt hat, also bei den Verhandlungen mitgewirkt hat

und infolge seiner Arbeit ein wirksamer Kaufvertrag zwischen Verkäufer und Käufer zustande gekommen ist.

Meist wird ein Makler beide Leistungen erbringen und erhält dafür die vereinbarte Gebühr.

Nur einen Makler engagieren, aber den richtigen

Für den einzelnen Vermittler sinken die Chancen deutlich, den Verkauf erfolgreich zu organisieren und die Gebühr zu kassieren, wenn andere Makler das Objekt ebenfalls anbieten dürfen. Warum sollte er da Geld und Mühe investieren? Er ist bei einem solchen einfachen Maklerauftrag auch gar nicht verpflichtet, sich anzustrengen. Der Eigentümer engagiert besser einen einzigen, von dessen Leistungsfähigkeit und -willen er sich überzeugt hat. Entscheidender Vorteil des Makleralleinauftrags, der meist unwiderruflich erteilt wird: Er verpflichtet, den Vermittler, das ihm anvertraute Objekt aktiv zu vermarkten. Dafür darf der Immobilieneigentümer während der Vertragslaufzeit keine weiteren Makler beauftragen. Daher Achtung bei Gesprächen mit Maklern: Einige Juristen vertreten die Meinung, ein Alleinauftrag könne – wie unstrittig der einfache Auftrag – auch mündlich erteilt werden. Ein schriftlicher Vertrag ist aber generell üblich.

Allerdings enthalten manche Formulare für den Maklerauftrag auch eine üble Kostenfalle: Wenn der Makler keinen Verkauf zuwege bringt, soll ihm der Kunde dennoch alle Kosten ersetzen, die direkt durch den Auftrag entstanden sind – angefangen von den Anzeigen- und Fahrtkosten bis hin zu den Ausgaben für Telefon und Schriftverkehr. Eine solche Regelung ist für einen Makler gerade bei schwieriger Marktlage verlockend: Selbst wenn der Profi scheitert, werden ihm die Aufwendungen ersetzt. Für den Auftraggeber kann die Übernahme der Kosten dagegen sehr teuer werden, weil er deren Entstehung kaum beeinflussen kann. So entscheidet der Makler zum Beispiel, wie aufwendig bzw. wie oft er wirbt. Nicht besser stellt sich der Kunde, wenn er beim Scheitern des Verkaufs eine pauschale Kostenerstattung zusagt: Der Makler wird im Zweifel die Werbung einstellen, bevor er den Pauschalbetrag erreicht.

Erst recht nicht zu akzeptieren ist es, wenn der Maklervertrag auch für den Fall, dass kein wirksamer Verkauf zustande kommt, einen sonstigen Zahlungsanspruch des Maklers oder gar eine Provision vorsieht. Solche Vereinbarungen sind nur unter bestimmten Voraussetzungen zulässig, der Verkäufer sollte sie aber auf keinen Fall akzeptieren.

Deshalb: Der Kunde sollte generell Vertragspassagen, die ihm beim Scheitern des Verkaufs eine Kostenerstattung oder sonstige Zahlungspflichten aufbürden, streichen. Sie widersprechen dem traditionellen Selbstverständnis der Makler, die stets ihre erfolgsabhängige Bezahlung betonen. Schließlich wird die im Einzelfall hohe Courtage mit der Mischkalkulation begründet. Der Makler müsse alle Kosten aus der eigenen Tasche bezahlen, falls kein Kaufvertrag zustande komme, erklärt explizit Sven Johns, Bundesgeschäftsführer des Maklerverbands IVD. Er hält es allerdings für angebracht, dass sich der Eigentümer unabhängig vom Verkaufserfolg an den Kosten besonders aufwendiger Kampagnen beteiligt – etwa wenn der Makler neben der üblichen Präsentation des Objekts auf den führenden Internetmarktplätzen eine zusätzliche Anzeige auf deren Startseite platziere. So etwas sollte aber vorab zwischen Kunden und Makler vereinbart werden.

Internet verändert die Marktsituation

Das Internet bietet hervorragende Vermarktungschancen, schafft für den Makler aber auch ein zusätzliches Problem. Früher warb er in der Regel mit Zeitungsanzeigen für sein Angebot. Wer sich dafür interessierte, musste ihn anrufen, seine Anschrift nennen und erhielt per Post das Exposé mit der Adresse der Immobilie zugeschickt. Ohne Angaben des Vermittlers waren das Objekt und sein Eigentümer kaum zu finden. Also konnte nur der Makler die Kaufgelegenheit nachweisen und war damit sicher, bei einem Verkauf die Provision zu kassieren. Anders heute: Auf den Immobilienmarktplätzen im Internet werden die Objekte mit zahlreichen Fotos und zumindest einem groben Lageplan gezeigt. Meist kann ein Interessent die Immobilie mit etwas Geschick finden, den Eigentümer ermitteln und sich direkt an ihn wenden. Dieser darf zwar beim Makleralleinauftrag keinen anderen Vermittler einschalten, aber weiter selbst nach Interessenten fahnden, wenn nichts anderes vereinbart wurde. Wenn sich nun einer meldet, wird ihn der Verkäufer kaum abweisen. Der Makler wird in solchen Fällen oft leer ausgehen.

Entsprechend versuchen viele Makler, dem Kunden im Vertrag das Recht zur Selbstvermarktung zu nehmen: Fachleute sprechen dann von einem qualifizierten Alleinauftrag. Wenn Interessenten nun den Eigentümer ansprechen – und seien es Familienangehörige –, muss er den Makler zu den Gesprächen hinzuziehen oder die Kaufanwärter gleich an ihn verweisen. Unterlässt er dies, muss er dem Vermittler unter Umständen Schadenersatz zahlen. Wegen der weitreichenden Folgen für den Kunden kann die Selbstvermarktung allerdings nur durch einen Vertrag rechtswirksam ausgeschlossen werden, der zwischen dem Makler und seinem Kunden ausgehandelt wurde. Es genügt nicht, dass solche Regeln in den Allgemeinen Geschäftsbedingungen bzw. in einem Formularvertrag stehen. Sogar wenn der Profi den Passus handschriftlich in einen sonst vorgefertigten Makleralleinauftrag einfügt, gilt diese Textergänzung nur, wenn er sie nicht bei mehreren Verträgen gewissermaßen als Standard verwendet oder verwenden will. Im Streitfall muss der Makler beweisen, dass er dem Kunden in der Verhandlung mehrere Vertragsformen zur Wahl gestellt hat und dieser bewusst einen qualifizierten Alleinauftrag gewünscht hat. Makler, die einem Kunden rechtswirksam die Selbstvermarktung verbieten wollen, bitten deshalb oft einen Mitarbeiter zu den Verhandlungen hinzu, damit er ein Protokoll erstellt, das der Kunde dann abzeichnen soll.

Rechtswirksamer Ausschluss der Selbstvermarktung

Tipp

Unabhängig von der Art des Maklervertrags gibt es häufig Streit um die Maklerleistung und die Provision. Dabei ist die Rechtslage kompliziert. Sie wird durch einige wenige Paragrafen im BGB bestimmt, die aber viele Sachverhalte nicht regeln, sodass Gerichtsurteile die Lücken füllen. Leider gibt es dabei im Detail regionale Unterschiede und im Zeitablauf ändern die Richter auch manchmal ihre Meinung. Deshalb ist es im Streitfall absolut notwendig, einen Anwalt aufzusuchen, der auf Maklerrecht spezialisiert ist.

Fazit: Mit solchen Klauseln ist der Kunde hundertprozentig darauf angewiesen, dass der Makler klug und engagiert arbeitet. Er sollte sie – wenn überhaupt – nur bei einem Vermittler akzeptieren, dessen Leistungsfähigkeit und Einsatzfreude außer Frage stehen.

WIE VIEL PROVISION DER MAKLER ERHÄLT

Wie viel Geld ein Makler für die Vermittlung einer Immobilie erhält, wird nicht per Gesetz festgelegt, sondern kann frei vereinbart werden. Jedoch gilt ein bestimmter Prozentsatz des

Verkaufspreises als marktüblich – je nach Bundesland bzw. Region meist zwischen 3 und 6 Prozent. Hinzu addieren sich 19 Prozent Mehrwertsteuer, die der Staat auf die Provision erhebt. Was vor Ort an Gebühren üblich ist, zeigen die Maklerانzeigen in der Regionalzeitung. Wenn mit dem Makler nichts anderes wirksam vereinbart wurde, wird die Courtage fällig, wenn der von ihm nachgewiesene oder vermittelte Kaufvertrag wirksam zustande gekommen ist, also notariell beurkundet wurde und alle etwaigen sonstigen Voraussetzungen für seine Wirksamkeit erfüllt sind. Doch abweichende Regelungen sind möglich: Makler versuchen sehr häufig zu vereinbaren, dass allein der notarielle Kaufvertrag die Provision fällig stellt. Wenn der Maklervertrag es nicht ausschließt, darf der Makler grundsätzlich sowohl für den Verkäufer als auch den Käufer tätig werden. Bei einer solchen Doppeltätigkeit ist er jedoch dazu verpflichtet, unparteiisch zu sein, sodass er dann zum Beispiel nicht nur die Interessen des Verkäufers vertreten darf.

Marktübliche Provisionen

Abweichende Vereinbarungen

Wenn in der Region traditionell der Käufer die Maklerprovision ganz oder teilweise zu zahlen hat und dies auch so vereinbart wird, ist das nur auf den ersten Blick ein Vorteil für den Verkäufer: Handelt der Erwerber vernünftig, ist er bereit, für die Immobilie insgesamt einen bestimmten Betrag zu zahlen. Muss er die Maklergebühren übernehmen, akzeptiert er nur einen entsprechend niedrigeren Kaufpreis. Die Courtage belastet also letztlich stets den Verkäufer.

Tipp
Häufig veranlasst der Makler, dass der Notar einen Vertragsentwurf anfertigt. Wenn danach der Abschluss scheitert, erhebt der Notar dennoch Kosten – und es kommt zum Streit darüber, wer sie zu tragen hat. Diese Frage sollte besser vorab geklärt werden.

WELCHE LAUFZEIT BEIM MAKLERVERTRAG ANGEMESSEN IST

Ein weiterer wichtiger Punkt der Verhandlungen über den Maklervertrag ist dessen Laufzeit. Da dürften in der Regel sechs Monate für den Verkauf eines üblichen Eigenheims ausreichen. Um den Makler unter Erfolgsdruck zu setzen, sollte der Vertrag keine automatische Verlängerung vorsehen. Eine weitere Vertragslaufzeit sollte vielmehr neu vereinbart werden – und zwar nur, wenn die Leistungen des Maklers überzeugt haben (siehe Seite 84). Setzt der Kunde eine zu kurze Laufzeit durch, wird mancher Makler eine möglichst niedrige Preisforderung vorzuschlagen. Denn dadurch steigen seine Chancen, in der knappen Zeit zum Abschluss zu kommen.

Aus wichtigem Grund kann der Vertrag mit dem Makler selbstverständlich jederzeit gekündigt werden, etwa wenn er gegen die Interessen seines Auftraggebers handelt. Allein der Vorwurf mangelnden Engagements reicht aber kaum aus, da der Kunde nur die öffentlichen Werbemaßnahmen des Maklers erkennen kann. Doch der wird vielleicht im Streitfall berichten können, dass er zahlreiche potenzielle Interessenten ansprach und mit Kollegen kooperierte, um auch deren Kundenkartei zu nutzen.

WIE DIE VERKAUFSSTRATEGIE AUSSEHEN SOLL

Der Verkäufer sollte sich schon vor dem ersten Termin mit Maklern darüber im Klaren sein, welche Art Vertrag er mit einem von ihnen schließen will und wie lange der Kontrakt laufen soll. Und vor der Unterschrift muss er mit jedem Vermittler, der für den Auftrag geeignet scheint, ein erstes, unverbindliches Gespräch führen. Da geht es zunächst um die Frage, zu welchem Preis die Immobilie angeboten werden und wie die Verkaufsaktion ablaufen soll. Erst danach sind Fragen zum Vertrag zu diskutieren. Während der Treffen merkt der Immobilienbesitzer auch, zu welchem Gesprächspartner er Vertrauen fasst. Denn das ist nötig, weil die Zusammenarbeit wohl etliche Monate dauern wird, in denen auch Tiefpunkte zu überstehen sind. Sind die Gespräche Erfolg versprechend verlaufen, kann der Verkäufer entscheiden, wen er aus dieser kleinen Gruppe von Verkaufsprofis beauftragen will.

Vertrauensbasis schaffen

Preisforderung

Preisschätzung üblicher Immobilien geht schnell

Bei üblichen Reihenhäusern und Eigentumswohnungen kann ein versierter Makler schon beim ersten Ortstermin vermutlich recht genau taxieren, wie viel dafür zu erlösen ist – zumal, wenn alle relevanten Unterlagen vorliegen (siehe Seite 52). Bei individuellen Immobilien spricht es für ihn, wenn er sich für eine Schätzung Zeit erbittet. Voraussetzung für jede verlässliche Preisermittlung ist, dass der Eigentümer den Makler umfassend informiert und nicht etwa versteckte Mängel oder horrende Heizkosten verschweigt. Im Lauf der Verkaufsbemühungen käme so etwas ohnehin ans Licht.

Der Eigentümer kann die Preisfrage allerdings mit den Maklern nur vernünftig diskutieren, wenn er seine Hausaufgaben in punkto Preis gemacht hat: entweder durch eigene Marktforschung (siehe Seite 15), ein seriöses Gutachten (siehe Seite 27) oder sogar beides. Was die Immobilie einst gekostet hat, spielt keine Rolle, nur die aktuelle Marktlage entscheidet (siehe Seite 67). Allerdings sollte der angehende Verkäufer frühzeitig mit den infrage kommenden Maklern besprechen, wie er seine Immobilie mit einfachen Mitteln für den Verkauf aufwerten kann (siehe Seite 48), welche Rolle etwaige Ausbauchancen für den Preis spielen können (siehe Seite 54) und wie die Kosten von fälligen Sanierungskosten einzuschätzen sind. Vielleicht kennt er dafür günstigere Handwerker als die, von denen der Eigentümer Kostenvoranschläge gesammelt hat (siehe Seite 58). Bei solchen Themen zeigt sich, welcher Makler sein Fach beherrscht.

Gründe für große Unterschiede in der Preisschätzung klären

Bestehen nennenswerte Unterschiede zwischen der eigenen Schätzung des erzielbaren Verkaufspreises und der Immobilienbewertung des Maklers, sollte sie der Verkäufer offen mit dem Profi diskutieren. War ein Gutachter eingeschaltet, lohnt auch ein klärendes Gespräch mit ihm. Stets sollte dem Eigentümer klar sein: Makler streben nicht den maximal möglichen Preis an, auch wenn sie dafür die höchste Provision erhalten würden. Entscheidend ist der notwendige Aufwand: Von 10.000 Euro Mehrerlös würde er bestenfalls rund 600 Euro erhalten (siehe Seite 91). Muss er dafür erneut werben, Anfrager informieren und zu einigen zusätzlichen Besichtigungen fahren, lohnt es sich für ihn kaum. Allerdings profitieren auch Verkäufer von einem zügigen Verkauf: Eine Hängepartie belastet ihre Nerven – und kann die Verkaufschancen mindern. Denn nach einigen Monaten werden die Interessenten das Objekt als Ladenhüter betrachten, der entweder überteuert ist oder irgendwelche Macken hat, sodass dann doch Preiszugeständnisse nötig sind. Zudem verursachen leer stehende Objekte Monat für Monat beachtliche Kosten.

Zügiger Verkauf in jedem Fall von Vorteil

Fazit: Bei der Festlegung des Angebotspreises, der noch bis zu 10 Prozent Verhandlungsspielraum enthalten sollte, müssen viele Faktoren beachtet werden. Der Eigentümer sollte sich keinesfalls zu einer Preisforderung überreden lassen, die er von vornherein für falsch hält. Wenn mehrere Makler, die in der engeren Wahl sind, eine niedrigere Preisforderung vorschlagen, sollte er aber seine Einschätzung sehr gewissenhaft prüfen.

Verkaufskonzept

Neben der Preisfrage muss der Verkäufer erfahren, wie die Makler vorgehen wollen. Qualitätskriterien sind dazu auf der Seite 84 aufgelistet. Bei seiner Vorbereitung auf die Gespräche mit den Vermittlungsprofis können dem Eigentümer auch die Hinweise für einen Privatverkauf ab Seite 72 nützlich sein, denn gute Makler gehen ähnlich vor. Wichtig: Der Makler darf nicht anfangs ein Strohfeuer entfachen, dann seine Verkaufsbemühungen einschlafen lassen und hoffen, dass sich zufällig ein Interessent meldet. Im Vertrag oder einem Vertragsanhang sollte er beschreiben, wie groß und wie oft er das Objekt während der Vertragslaufzeit in welchen Zeitungen und auf welchen Internet-Immobilienmarktplätzen präsentieren will. Auch eines seiner gut gelungenen Exposés kann dem Vertrag

Gleichbleibendes Engagement des Maklers notwendig

als Muster beigeheftet werden. Der Makler sollte zudem zusagen, dass er seinem Kunden wöchentlich berichtet, was die bisherigen Verkaufsbemühungen bewirkt haben und welche neuen er ergreifen wird.

Sind die Kernfragen der Verkaufsstrategie geklärt, wird sich der Verkäufer nach einer Bedenkzeit für einen Makler entscheiden. Sind sich die Parteien über die Gestaltung des Vertrags einig, sollte der Verkäufer den Vertragstext erhalten, um ihn in Ruhe zu Hause zu prüfen. Er muss ihn und die Allgemeinen Geschäftsbedingungen des Maklers nicht nur lesen, sondern jede Regelung verstehen. Bleiben auch nach Rückfragen beim Makler Unklarheiten, sollte gegebenenfalls ein Anwalt, der sich im Maklerrecht auskennt, den Vertrag prüfen.

WIE VERKÄUFER IHREN MAKLER UNTERSTÜTZEN KÖNNEN

Entwürfe zügig prüfen

Ist schließlich der Vertrag mit dem Makler unterschrieben, wird dieser das Angebot vorbereiten und – wenn nicht gerade die Ferienzeit beginnt – den Verkaufsprozess starten. Klar: Wenn der Makler dem Eigentümer die Entwürfe des Exposés und der Anzeigen zuschickt, sollte der sie sorgfältig, aber zügig prüfen. Zu Sachaussagen schreiben Makler im Exposé typischerweise, dass die Angaben auf Aussagen des Verkäufers beruhen – also ist der verantwortlich. Für die Werbung gelten sonst die gleichen Empfehlungen wie beim Privatangebot (siehe Seite 73).

Schon zum Verkaufsstart sollte der Eigentümer seine persönliche Preisuntergrenze festlegen. Dann kann er kurzfristig und dennoch wohl überlegt antworten, wenn ein Interessent ein niedriges Gebot abgibt. Der beauftragte Makler muss diesen Mindestbetrag nicht unbedingt kennen – sonst pokert er vielleicht nicht hart genug um einen höheren Erlös.

Dem Makler die Führung überlassen

Bei Besichtigungen wird am besten der Makler die Besucher führen und über alle Details informieren, denn er hat vorher deren Wünsche ermittelt und versucht ihnen – hoffentlich geschickt – aufzuzeigen, wie gut das Objekt zu ihren Wünschen passt. Darin haben Makler in aller Regel mehr Routine als der Eigentümer. Keinesfalls sollte dieser dem Verkaufsprofi ins Wort fallen und nie spontan einwilligen, wenn ein Besucher eine Preissenkung verlangt. Manche Kaufanwärter wittern bei schnellem Einlenken die Chance auf weitere Zugeständnisse. Die Verhandlungen führt ausschließlich der Makler. Ist der Eigentümer mit dem Vorgehen seines Maklers nicht einverstanden, sollte er ihn unter vier Augen fragen, warum er so gehandelt hat. Vielleicht gibt es eine überzeugende Begründung.

Diplomatie ist gefordert, wenn der Eigentümer seinen Makler kritisieren will. Schließlich geht es um dessen Berufsehre – und eine erfolgversprechende weitere Zusammenarbeit.

WAS ZU TUN IST, WENN DER VERKAUF NICHT VORANKOMMT

Melden sich auf ein Angebot nur wenige Interessenten, stellen sich spätestens nach vier Wochen Fragen:

- Investierte der Makler zu wenig in die Zeitungs- und Internetwerbung?
- Präsentierte er das Objekt unvorteilhaft?
- Ging er ungeschickt mit Interessenten um?
- Zeigte sich die Immobilie bei Besichtigungen nicht von ihrer besten Seite?

Wenn stets mit Nein zu antworten ist, bleibt nur eine Ursache für den mangelnden Erfolg: ein überhöhter Preis. Der Auftraggeber wird selbst an den Reaktionen der Besucher bei den Besichtigungen merken, ob sie sich vor allem an der Forderung störten. Dann bleibt nur, den Preis zu senken. Der Makler wird die früheren Interessenten entsprechend informieren – und vielleicht beißt jetzt einer an.

Endet die Laufzeit des Maklervertrags ohne Verkaufserfolg, obwohl an der Arbeit des Profis nichts auszusetzen war, sollte sein Vertrag verlängert werden. Denn ein neuer Vermittler müsste sich erst einarbeiten. Engagierte sich der erste Makler allerdings nicht genug, sollte ein Kollege die Aufgabe übernehmen. Mit ihm muss sich der Eigentümer ganz neu abstimmen – auch bezüglich der Preisforderung.

Vorsicht

Wenn ein Immobilienverkauf von zwei Maklern hintereinander betreut wird, kann eventuell zweimal Courtage fällig werden, einmal für den ersten Vermittler, der in seiner Vertragszeit die Immobilie dem späteren Käufer angeboten hat, dann für den zweiten, der bei den abschließenden Verhandlungen mitwirkte.

WELCHE UNGEWÖHNLICHEN METHODEN ERFOLG VERSPRECHEN

Käufer sollen selbst bestimmen, wie viel sie für die Immobilie bezahlen wollen. So lautet die provokante These des Bieterverfahrens, mit der Interessenten aus der Reserve gelockt werden sollen. Stets behält der Eigentümer dabei die Entscheidung, ob er an den Meistbietenden verkaufen will oder seine Immobilie einstweilen behält. Bei einer privaten Auktion dagegen führt das Erreichen des Mindestgebots zu einem Zuschlag. Die private Auktion und das Bieterverfahren haben sich als Vertriebsweg etabliert. Schwer vorstellbar, dass dies auch der dritten Methode, den Hausverlosungen, gelingt, bei denen ein Eigentümer seine Immobilie als Hauptgewinn einer Lotterie auslobt, um mit dem Losverkauf mehr zu erlösen als am normalen Immobilienmarkt.

WARUM MANCHE VERKÄUFER AUF EINE PREISFORDERUNG VERZICHTEN

Spezialangebot für Schnäppchenjäger

Ja, es gibt solche Superschnäppchen: Solide Häuser und Eigentumswohnungen für ganz kleines Geld – zumindest auf den ersten Blick. Wer bei den großen Immobilienportalen die Preisspanne 0 bis 100 Euro und sonst keine Detailwünsche eingibt, erhält diese Sonderkollektion für Schnäppchenjäger. Die Eigentümer fordern keinen Preis, Interessenten sollen bieten. Bei einigen Offerten steht explizit der Hinweis: Bieterverfahren. Die Grundprinzipien:

- Der selbst anbietende Eigentümer oder sein Makler erstellen ein Exposé und texten Anzeigen, die das Objekt beschreiben. Dabei stellen sie die Chance heraus, dass die Immobilie per Gebot zu erwerben ist.
- Das Objekt wird etwa drei Wochen intensiv beworben, damit jeder, der sich für eine solche Immobilie interessiert, von dieser besonderen Kaufgelegenheit erfährt. Vielleicht berichtet sogar die Lokalpresse über das ungewöhnliche Vorgehen.
- Auch auf Anfrage nennt der Anbieter keinen Mindestpreis.
- Interessenten wird nur ein einziger Besichtigungstermin genannt – und dafür nicht einmal eine Zeitspanne, sondern eine genaue Uhrzeit. Wenn sich die Besucher drängen, ist das durchaus im Sinne der Veranstalter.
- Anhand der Zahl und dem Verhalten der übrigen Bieter erleben die Interessenten, wie begehrt das Haus bzw. die Eigentumswohnung ist. Wenn es gut für den Verkäufer läuft, kommen viele Besucher – gleich ob aus Neugierde oder Kaufdrang –, sodass ein Wettbewerbsdruck entsteht. Die echten Interessenten wissen in der Regel recht genau, wie viel sie für ein Objekt der hier offerierten Art bieten müssen, um eine Erwerbschance zu besitzen.
- Jeder Besucher erhält ein Blatt, auf dem der Ablauf des Verfahrens genau erklärt wird, ferner ein weiteres, auf dem

er seinen Namen, seine Adresse sowie sein Gebot angeben kann.

- Spätestens nach zwei Wochen, in denen die Interessenten auf Wunsch noch einmal das Objekt besichtigen werden, können sie ihr rechtlich unverbindliches Gebot abgeben.
- Anders als bei einer Versteigerung wird nicht unbedingt der Höchstbietende neuer Eigentümer. Vielmehr prüft der Anbieter die Gebote und entscheidet frei: Er kann alle ablehnen, ein beliebiges annehmen oder mit einem bzw. mehreren Bietern verhandeln. Vielleicht gelingt es ihm, unter Hinweis auf höhere Gebote den Preis sukzessive hochzuschrauben. Immer muss er aber damit rechnen, dass ein Interessent sein Gebot reduziert oder ganz zurückzieht, denn auch für die Bieter ist die Offerte ja unverbindlich.
- Falls sich der Eigentümer mit einem Bieter einigt, wird das Geschäft ganz normal bei einem Notar besiegelt.

Verkaufswillige Eigentümer, die das Bieterverfahren nutzen wollen, können sich von Profis unterstützen lassen. Bieterverfahren24 beispielsweise berechnet für die Hilfe bei Reihen- und Doppelhäusern sowie Eigentumswohnungen 975 Euro bzw. 1.275 Euro bei freistehenden Häusern. Im Preis enthalten sind unter anderem eine Bewertung der Immobilie sowie die Werbekampagne (www.bieterverfahren24.de).

Falls ein Bieterverfahren zu keinem Abschluss führt, weiß der Eigentümer immerhin recht genau, wie viel er aktuell hätte erlösen können. Für einige Zeit sind seine Verkaufschancen aber wohl gering, denn die potenziellen Käufer waren vermutlich alle unter den Bietern; neue Interessenten müssen erst nachrücken.

WIE PRIVATE VERSTEIGERUNGEN ABLAUFEN

Partystimmung in der ostfriesischen Kleinstadt Aurich: Im Garten eines Hauses stehen die Gäste in kleinen Gruppen zusammen und warten. Aber dann tritt kein Diskjockey auf, sondern ein Auktionator ergreift das Mikrofon und beginnt, die Liegenschaft zu versteigern. Keine 15 Minuten später ist der Hammer gefallen. Im Wohnzimmer wartet der Notar mit dem vorbereiteten Kaufvertrag.

Verfahren mit Tradition

In Ostfriesland haben solche freiwilligen Versteigerungen seit Jahrhunderten Tradition, in der übrigen Republik gewinnen sie erst seit einiger Zeit Anhänger. Immerhin etwa 250 der insgesamt rund 1.400 Auktionatoren in Deutschland versteigern zumindest ab und zu Grundstücke, Häuser oder Wohnungen, meldet der Bundesverband deutscher Auktionatoren. Einige Makler bieten die Versteigerung als zweiten Vertriebsweg an, wenn ein Kunde schnell verkaufen will bzw. muss. Innerhalb von etwa vier Wochen lässt sich das Geschäft abschließen, berichten sie.

Wichtig für einen Versteigerungserfolg ist der Startpreis. Auktionatoren drängen die Eigentümer, diesen sensationell niedrig anzusetzen – zumal in Regionen mit reichem Angebot. Nur so würden mögliche Käufer dazu bewegt, die Immobilie überhaupt zu besichtigen und zu überlegen, ob sie nicht doch zu ihren Wünschen passt. Gerade für Standardimmobilien entflamme die Liebe oft erst auf den zweiten Blick.

Das A und O: genügend Interessenten

Wie bei jedem Handel kommt es darauf an, möglichst alle potenziellen Interessenten auf das Angebot aufmerksam zu machen, ihnen die Immobilie bei Besichtigungen optimal zu präsentieren und sie zur Teilnahme an der Auktion zu motivieren. Die Hoffnung: Sie kämpfen dann mit steigenden Geboten um den Zuschlag. Dabei muss der Auktionator das Gleiche leisten wie ein guter Makler – nur gedrängt in der knappen Zeit bis zur Versteigerung. Wird ein Eigenheim versteigert, verspricht ein Termin am arbeitsfreien Samstag den größten Zulauf, am besten in der Immobilie, zumindest aber in deren Nähe. Oft können Bieter von außerhalb per Telefon oder Internet mitsteigern. Dazu müssen sie sich zuvor beim Auktionator anmelden und einen Kapitalnachweis erbringen bzw. einen Sicherheitsbetrag hinterlegen. Wenn die Auktion optimal vorbereitet und organisiert war, wird mit der Versteigerung der aktuell bestmögliche Preis erzielt – auch wenn er für den Verkäufer enttäuschend gering ausfallen sollte. Für ihn wird die Veranstaltung aber in jedem Fall zum Fiasko, wenn er einen sehr niedrigen Startpreis akzeptiert hat und sich niemand findet, der mehr bietet, weil der Auktionator das Objekt mangelhaft beworben hat oder die Veranstaltung an einem ungeeigneten Ort zu einem ungünstigen Termin stattfindet. Anders als beim Bieterverfahren, bei dem die Eigentümer nachverhandeln oder den Verkauf ganz stoppen können (siehe Seite 99), verpflichten sie sich vor einer Auktion, mit dem Meistbietenden den notariellen Kaufvertrag abzuschließen – sonst verlangt der Auktionator einen Schadenersatz.

Erfolg hängt vom Auktionator ab

Deshalb müssen Eigentümer, die ihre Immobilie versteigern lassen wollen, genau prüfen, wie der Auktionator bisher seine Versteigerungen beworben und organisiert hat. Der Profi sollte eine Liste der in den vergangenen zwölf Monaten angebotenen Objekte vorlegen mit Start- und Zuschlagspreisen. Aufgeführt sollte auch sein, für welche Immobilien sich kein Bieter erwärmt hat. Zu Missverständnissen über die Qualifikation der Auktionatoren führt § 383 Abs. 3 BGB, nach dem nur ein von der Industrie- und Handelskammer öffentlich bestellter und vereidigter Auktionator eine öffentliche Versteigerung durchführen darf. Eine öffentliche Versteigerung ist für den Gesetzgeber aber nicht jede Auktion, bei der die Öffentlichkeit zugelassen ist, sondern nur die, welche im öffentlichen – also staatlichen – Auftrag veranstaltet werden, um zum Beispiel vom Gerichtsvollzieher gepfändete Güter zu versteigern. Dagegen ist die Erlaubnis, eine freiwillige Versteigerung zu leiten, so einfach zu erlangen wie die zum Maklerberuf: Es genügt, in den letzten fünf Jahren keine Straftat verübt zu haben und keine Zahlungen schuldig geblieben zu sein.

Die Gebühren der Auktionatoren sind höher als die der Makler: Fällt der Hammer bei weniger als 10.000 Euro sind 17,85 Prozent des Höchstgebots fällig, bei Zuschlagspreisen von 10.000 bis 29.999 Euro noch 11,9 Prozent, bei 30.000 bis 59.999 Euro dann 9,52 Prozent, bei teureren Objekten 7,14 Prozent – jeweils inklusive Mehrwertsteuer. Hinzu kommen die üblichen Erwerbskosten, so für den Notar und das Grundbuchamt (siehe Seite 105). Die Kosten für den Auktionator zahlt der Käufer, doch da der deshalb für die Immobilie entsprechend weniger bietet als etwa bei einem normalen Privatangebot, trägt letztlich der Verkäufer die Last.

Versteigerungen von vielen Objekten

Neben Versteigerungen mit nur einem Objekt gibt es solche mit bis zu fünfzig Immobilien, meist schwer Verkäufliches aus der ostdeutschen Provinz, aber auch aus Berlin und dem Ruhrgebiet. Die Deutsche Grundstücksauktionen AG, der Branchenprimus, verkaufte so im Jahr 2011 gut 2.200 Objekte. Zwölf Prozent der Angebote fanden aber selbst hier keinen neuen Eigentümer.

WARUM DAS LOS NICHT ENTSCHEIDEN DARF

Die Banken sind schuld: Sie gaben den Interessenten, die das schmucke Eigenheim in Baldham bei München kaufen wollten, nicht genug Kredit. So sah es der Erbe des Objekts und beschloss im Jahr 2008, es im Internet zu verlosen. Ein Novum für Deutschland. Den Wert des Hauses gab er mit 570.000 Euro an, die er aber offenbar am Markt nicht erzielen konnte. Nun wollte er mehr einnehmen. 48.000 Lose für je 19 Euro sollten verkauft werden. Trotz zahlreicher Presseberichte konnte er bis Anfang 2010 aber nur gut 20.000 Lose absetzen. Dann verurteilte ihn das Landgericht München wegen Betrugs zu zwei Jahren Haft auf Bewährung. Denn Glücksspiele dürfen in Deutschland nur der Staat und seine Konzessionäre betreiben – und das habe er gewusst, so die Richter. Von 405.000 Euro Einnahmen konnten die Behörden nur 50.000 Euro sicherstellen.

Fast zeitgleich mit dem Münchner Urteil startete ein Nachahmer. Für ein Haus bei Potsdam, dessen Bau 500.000 Euro gekostet hatte, wollte er 13.900 Lose zu je 59 Euro verkaufen. Sein Wohn- und Geschäftssitz lag in Österreich, wo – ähnlich wie in Spanien oder Großbritannien – solche Lotterien zulässig sind. Würden nicht genug Lose verkauft, sollten die Teilnehmer jeweils 45 Euro zurückerhalten, der Rest bleibe für Verwaltungskosten. Juristen sollten die Abwicklung überwachen. Doch das für den Standort des Hauses zuständige Brandenburger Innenministerium untersagte die Aktion. Denn nach deutschem Recht wird eine Lotterie dort veranstaltet und vermittelt, wo den Spielern die Möglichkeit zur Teilnahme eröffnet wird. Und die saßen in diesem Fall nun mal meist in Deutschland vor ihrem PC. Der Hauseigentümer variierte das Verfahren: Wer sich für ein Los interessierte, hinterließ im Internet nur seine Adresse, alles Weitere erfolgte per Post und Telefon. Doch bereits die Internetwerbung für Glücksspiele ist nach deutschem Recht verboten. Zwar können seit Dezember 2011 zugelassene Privatfirmen im Internet Sportwetten anbieten, und in Schleswig-Holstein sogar Glücksspiele wie Poker, doch Hausverlosungen bleiben bundesweit verboten.

Ohnehin wäre es fraglich, ob das Publikum den Losverkäufern vertrauen würde. Denn wie aussagekräftig ist ein genannter Immobilienwert, wenn er am Markt nicht erzielt werden kann? Haben etwaige Treuhänder tatsächlich den Auftrag, konsequent im Sinne der Loskäufer zu handeln? Verdienen die Organisatoren nicht schon gut an der Bearbeitungsgebühr, selbst wenn die Aktion mangels Interesse scheitert? Ließe sich nicht sogar ein Notar, der die Auslosung überwacht, täuschen – so wie es den Opfern von Hütchenspielern ergeht? Angesichts solcher berechtigter Zweifel hätten Hausverlosungen auch bei geänderter Rechtslage kaum Chancen.

WAS BEIM NOTARVERTRAG ZU BEACHTEN IST

Vorsicht ist kein Zeichen von Misstrauen

Unabhängig davon, wie der Erwerber für eine Immobilie gefunden wurde: Wenn es nicht ausnahmsweise durch eine amtliche Zwangs- bzw. Teilungsversteigerung geschah (siehe Seite 114), muss laut § 311 b Abs. 1 BGB ein Notar das Geschäft protokollieren. Wenn der Verkäufer bei der Vertragsgestaltung auf Nummer sicher gehen will und auch einkalkuliert, dass die Finanzierung des Käufers fehlschlagen könnte, bedeutet das nicht, dass er dem Käufer unlautere Absichten unterstellt. Es kann schließlich viele Gründe für Zahlungsprobleme geben, etwa wenn sein Einkommen wegen einer Firmenkrise oder eines Unfalls unerwartet einbricht und die Bank daraufhin die Kreditzusage widerruft.

WAS DIE VERTRAGSPARTNER ZUERST ENTSCHEIDEN MÜSSEN

Käufer und Verkäufer müssen sich auf einen Notar einigen

In der Regel wählt der Käufer den Notar aus, weil er üblicherweise den größeren Teil der Notarkosten trägt. Allerdings muss der Verkäufer mit der Wahl einverstanden sein; er kann auch selbst einen Vorschlag machen. Letztlich müssen sie sich auf einen Notar einigen. Seine Arbeit wird erleichtert, wenn Käufer und Verkäufer die Eckpunkte des Verkaufs fixiert haben (siehe Seite 82).

Wenn der Verkäufer Alleineigentümer der Immobilie und verheiratet ist, muss unter Umständen sein Ehepartner dem Kaufvertrag in notarieller Form zustimmen. Dasselbe gilt entsprechend, wenn ein verheirateter Käufer die Immobilie als Alleineigentum erwirbt. Die Vertragspartner sollten frühzeitig mit dem Notar klären, ob das auf ihren Fall zutrifft. Es beschleunigt zudem das Verfahren, wenn der Verkäufer im Vorfeld etwaige Unklarheiten beseitigt – insbesondere bezüglich der Rechte Dritter (Nießbrauch, Wohnungsrecht, Vorkaufsrecht, Grundschulden usw.), die in Abteilung II und III des Grundbuchs stehen (siehe Seite 59). Ist zum Beispiel ein Wohnungsrecht eingetragen, schickt der Verkäufer dem Notar eine Kopie des entsprechenden Vertrags.

Nebenkosten. Für den Vertragsentwurf muss der Notar wissen, wer die Kaufnebenkosten übernimmt. Traditionell tragen die Erwerber die Notar- und Grundbuchgebühren für den Kauf sowie für die Eintragung ihrer Grundschulden. Dagegen zahlt der Verkäufer die Gebühren für die Löschung der im Grundbuch eingetragenen Rechte, die der Käufer nicht übernimmt. Um welche Beträge es dabei geht, zeigt etwa der Gebührenrechner unter www.interhyp.de in der Rubrik »Rechner«. Die Grunderwerbsteuer geht üblicherweise zulasten der Käufer, entsprechend wird das im Kaufvertrag festgehalten. Erst wenn sie die Steuer nicht überweisen, holt sich das Finanzamt den Betrag vom Verkäufer. Für ihn kann es daher sinnvoll sein, sich für den Fall, dass die Käufer die Grunderwerbssteuer nicht fristgerecht zahlen, ein besonderes Rücktrittsrecht im Kaufvertrag einräumen zu lassen.

Grunderwerbsteuer zahlt in der Regel der Käufer

Kaufpreis. Beim Kaufpreis ist zu überlegen, ob er in Einzelbeträge aufgespalten werden kann: zum einen der Wert für die Immobilie selbst, zum anderen für die Extras, die mit erworben werden, wie zum Beispiel Einrichtungsgegenstände, das Gartenhaus oder das restliche Heizöl im Tank. Die Teilung hat einen geldwerten Vorteil: Sie mindert die Grunderwerbsteuer, die nur auf die Immobilie, nicht aber auf das Zubehör erhoben wird (siehe Seite 48). Der Wertansatz muss für die Finanzbeamten plausibel erscheinen, in Zweifelsfällen fordern sie Belege an. Ein weiteres Aufspalten des Kaufpreises spart keine Grunderwerbsteuer: Sie wird stets auf alle Leistungen erhoben, die der Käufer für den Erwerb erbringt – also neben dem Kaufpreis auch auf Wohnungsrechte, Nießbrauch oder Leibrenten, die der Verkäufer oder sonstige Begünstigte erhalten (siehe Seite 62 bzw. Seite 122).

WELCHE KLAUSELN FÜR SICHERHEIT SORGEN

Sind die Preise für die Immobilie und die Extras sowie die Verteilung der Kaufnebenkosten ausgehandelt, bleiben die Fälligkeit und die Zahlungsweise zu regeln.

Käuferhaftung. Falls mehrere Personen – zum Beispiel ein Ehepaar bzw. ein unverheiratetes Paar oder auch Geschäftspartner – das Objekt gemeinsam kaufen, muss der Notarvertrag sicherstellen, dass jeder einzelne Käufer uneingeschränkt für alle Käuferpflichten aus dem Kaufvertrag haftet.

Auflassungsvormerkung. Für die Käufer ist es wichtig, dass sie die Immobilie wirklich erwerben können. Da oft einige Monate vergehen werden, bis sie als neue Eigentümer im Grundbuch stehen, wird dort eine Vormerkung für sie eingetragen. Das geschieht meist wenige Tage nach Unterzeichnung des Kaufvertrags. Danach kann der Verkäufer die Liegenschaft nicht ein weiteres Mal verkaufen, und sie geht den Käufern auch nicht verloren, falls der Verkäufer insolvent werden sollte und nicht mehr über sein Vermögen verfügen kann.

Auflassungsvormerkung sollte unter bestimmten Voraussetzungen einseitig zu löschen sein

Aber: Falls der Erwerber den Kaufpreis nicht vertragsgemäß überweist, könnte der Verkäufer die Immobilie wegen der Vormerkung nicht anderweitig veräußern. Deshalb sollten die Käufer dem Notar im Kaufvertrag zum Beispiel eine Vollmacht erteilen, dass er die Auflassungsvormerkung auf einseitigen Wunsch des Verkäufers hin wieder löschen lässt, wenn der Vertrag wegen ihrer Zahlungsprobleme rückabgewickelt wird. Kommt es tatsächlich zu einem Zahlungsverzug, sollte sich der Verkäufer allerdings zunächst von einem Rechtsanwalt über seine Rechte und Möglichkeiten informieren lassen. Der Notar, der den Kaufvertrag beurkundet hat, darf in einem solchen Fall wegen seiner Pflicht zur Neutralität weder den Verkäufer noch den Käufer anwaltlich beraten.

Keine persönliche Haftung gegenüber Gläubigern übernehmen

Belastungsvollmacht. Finanzieren die Käufer den Kauf mit einem Kredit, wird dieser in der Regel mit einer Grundschuld zugunsten ihrer Bank auf dem Kaufobjekt abgesichert werden. Sonst zahlt sie kein Geld aus. Damit die Käufer, die ja noch nicht Eigentümer der Immobilie sind, diese Grundschuld bestellen können, enthalten die meisten Immobilienkaufverträge eine Belastungsvollmacht. Damit erlaubt der Verkäufer als Noch-Eigentümer den Käufern, schon vor der Eigentumsumschreibung Grundschulden zu bestellen. Aus Sicht des Verkäufers ist es wichtig, diese Vollmacht so einzuschränken, dass er keine persönliche Haftung gegenüber den Gläubigern der Käufer übernimmt und dass die auf dieser Grundlage eingetragenen Grundschulden zunächst nur zur Zahlung des Kaufpreises dienen dürfen. Ferner muss der Vertrag explizit regeln, dass der Verkäufer keine Notar- und Gerichtskosten für die Bestellung, Eintragung und etwaige Löschung dieser Grundschuld zahlen muss. Soweit der übliche Weg, aber manchmal gibt es einen günstigeren – mit einer Abtretung (siehe Tipp rechts).

Tipp

Grundschuldabtretung. Statt im Grundbuch die noch vom Verkäufer eingetragenen Grundschulden zugunsten seiner Bank gebührenpflichtig löschen zu lassen, kann sie diese an das Kreditinstitut der Käufer abtreten. Doch längst nicht alle Banken spielen da mit. Deshalb sollten die Vertragspartner frühzeitig klären, ob in ihrem Fall eine Grundschuldabtretung möglich ist, damit der Notar den Vertrag passend gestalten kann.

Fälligkeitsvoraussetzungen. Zwar wird im Kaufvertrag in der Regel ein festes Fälligkeitsdatum für den Kaufpreis genannt, aber gleichzeitig wird festgelegt, dass er erst fällig wird, wenn bestimmte Fälligkeitsvoraussetzungen erfüllt werden, die der Sicherheit der Käufer dienen. Dazu gehört in der Regel, dass die Vormerkung, die ihren späteren Eigentumserwerb sichert, im Grundbuch eingetragen ist oder diese Eintragung zumindest sichergestellt ist, alle für den Vertrag erforderlichen Genehmigungen vorliegen, nachgewiesen ist, dass ein Vorkaufsrecht nicht besteht oder nicht ausgeübt wird und die lastenfreie Eigentumsumschreibung auf die Käufer gewährleistet ist.

Liegen dem Notar die entsprechenden Unterlagen vor, informiert er die Käufer, die daraufhin wie vereinbart zahlen müssen. Wenn noch Belastungen des Grundstücks abzulösen sind, insbesondere Grundschulden, teilt er ihnen gleichzeitig mit, wie viel sie aus dem Kaufpreis an welche Gläubiger zu überweisen haben. Die zur Ablösung notwendigen Beträge hat der Notar sofort nach Vertragsschluss erfragt.

Vorfälligkeitsentschädigung

Die Rückzahlung ist möglich, weil der Verkäufer seine Darlehen unabhängig von der vereinbarten Laufzeit kündigen darf, wenn er die Immobilie verkauft. Die Banken dürfen allerdings eine Vorfälligkeitsentschädigung verlangen, wenn sie das vorzeitig zurückgezahlte Geld nicht wieder genauso rentabel ausleihen können wie an den Verkäufer. Der sollte zu Beginn der Verkaufsaktivitäten prüfen, ob der erwartete Kaufpreis ausreicht, um die bestehenden Grundschulden komplett ablösen zu können. Ist das nicht der Fall, muss er den Rest noch selbst an die eingetragenen Gläubiger zahlen, damit das Grundstück lastenfrei wird.

Warum sich eine Kontrolle der Bankforderungen lohnt

Etwa jedes zweite Kreditinstitut verlangt eine höhere Vorfälligkeitsentschädigung, als es die Berechnungsvorschriften des Bundesgerichtshofs erlauben – oft mehrere Tausend Euro. Das stellte die Verbraucherzentrale Bremen fest. Verkäufer sollten sich bei ihrer Bank frühzeitig nach der geforderten Vorfälligkeitsentschädigung erkundigen. Dann können sie diesen Betrag von der Verbraucherzentrale Bremen für 70 Euro überprüfen lassen und überhöhte Forderungen zurückweisen. Informationen dazu per Telefon 0421/160 777 und im Internet unter www.verbraucherzentrale-bremen.de (unter Suche das Stichwort »Überprüfung von Vorfälligkeitsentschädigungen« eingeben). Aber auch wer unter Zeitdruck zunächst die überhöhte Entschädigung gezahlt hat, um zügig die Löschungsbewilligung zu erhalten, und sogar unterschrieb, dass er mit deren Höhe einverstanden ist, kann das zu viel gezahlte Geld zurückfordern. So entschied der Bundesgerichtshof 1997.

Notaranderkonto. In Ausnahmefällen werden die Zahlungen über ein Treuhandkonto, das Notaranderkonto, abgewickelt – zum Beispiel, wenn der Kaufpreis fällig ist, aber die Grundschuld zu seiner Finanzierung noch nicht eingetragen werden kann, oder wenn die Übergabe der Immobilie an den Käufer stattfinden soll, bevor alle Unterlagen zur Löschung der von ihm nicht übernommenen Rechte im Grundbuch vorliegen. Die Abwicklung über das Notaranderkonto hat ihren Preis: einige Hundert Euro bei einer Eigentumswohnung, schnell um die tausend Euro bei einem größeren Eigenheim. Diese Mehrkosten sollte der Vertragspartner tragen, in dessen Interesse die Abwicklung über das Notaranderkonto erfolgt.

Extrakosten bei Notaranderkonto

Verzugszinsen. Für den Fall, dass die Käufer verspätet zahlen, sollte der Kaufvertrag höhere Verzugszinsen festlegen, als sie das Gesetz vorsieht.

Zwangsvollstreckung. Der Kaufvertrag sollte ferner die Klausel enthalten, dass sich die Käufer wegen der Zahlung des Kaufpreises nebst Zinsen der sofortigen Zwangsvollstreckung in ihr gesamtes Vermögen unterwerfen. In diesem Passus sollten der Kaufpreis sowie der genaue Zinssatz beziffert werden, sowie, aus rechtlichen Gründen, ein Datum für den Zinsbeginn angegeben werden. Eine solche Klausel ermöglicht es dem Verkäufer, bei Zahlungsverzug Vollstreckungsmaßnahmen einzuleiten, ohne zuvor eine Klage erheben zu müssen. Oftmals ist aber der Käufer in einer solchen Situation nicht zahlungsfähig.

So weit die vertraglichen Regelungen zur Zahlungsweise. In der Praxis wird zum Glück aber meist pünktlich gezahlt. Dann melden der Verkäufer und seine Bank den Geldeingang dem Notar oder er weiß es ohnehin aufgrund der Abwicklung über das Anderkonto. Wenn auch noch das Finanzamt mit der Unbedenklichkeitsbescheinigung die Bezahlung der Grunderwerbsteuer bestätigt hat, beantragt er beim Grundbuchamt die Eigentumsumschreibung. Bis diese erfolgt, können einige Wochen vergehen. Die Übergabe wird in der Regel aber schon früher erfolgen (siehe nächstes Kapitel).

WIE DIE ÜBERGABE GEREGELT WIRD

Die meisten Käufer möchten verständlicherweise möglichst bald die Verfügungsgewalt über die Immobilie erlangen. Doch der Verkäufer sollte auf Nummer sicher gehen und das Haus bzw. die Eigentumswohnung erst übergeben, nachdem der Kaufpreis vertragsgemäß bezahlt wurde. Restbeträge kann der Eigentümer nur stunden, wenn er dafür an einer aussichtsreichen Stelle im Grundbuch abgesichert wird – aber wenn das möglich wäre, könnte sich der Käufer das fehlende Geld auch bei der Bank leihen. Sollte die Ursache für die Zahlungsvorzögerung auf der Verkäuferseite liegen, weil zum Beispiel ein Nießbrauch nicht rechtzeitig gelöscht wurde, kann der Käufer – eine Vereinbarung darüber vorausgesetzt – den entsprechenden Betrag treuhänderisch an den Notar zahlen. Daher gilt: Wenn Probleme auftreten könnten, sollte der Notar vor Vertragsschluss frühzeitig informiert werden, damit er entsprechende Regelungen vorschlagen und bei der Vertragsgestaltung berücksichtigen kann.

Notar frühzeitig über Probleme informieren

Hätte der Erwerber die Immobilie bereits vor der vollständigen Bezahlung übernommen und könnte er dann den Kaufpreis nicht aufbringen, sodass der Verkäufer vom Kaufvertrag wirksam zurücktritt, müsste ihn der Verkäufer gegebenenfalls auf Räumung und Herausgabe des Kaufobjekts verklagen – ein langwieriges, kostspieliges Unterfangen. Oft wird der Verkäufer auf den Kosten sitzen bleiben, weil der Käufer zahlungsunfähig ist. Ganz schlimm wäre es, wenn der Käufer schon vor der Kaufpreiszahlung mit Baumaßnahmen beginnen und die Finanzierung dann scheitern würde: Unter Umständen erhält der Eigentümer seine Immobilie als schwer verkäufliche Baustelle zurück. Auch sollte der Käufer nicht vorab als Mieter einziehen, denn damit würde er den umfassenden Mieterschutz genießen, falls der Kauf scheitern sollte.

Fazit: Der Besitz darf nicht vor vollständiger Kaufpreiszahlung übergeben werden, und dies muss auch im Kaufvertrag entsprechend klar geregelt werden.

WOFÜR DER VERKÄUFER HAFTET

Aus Sicht des Verkäufers sollte seine Haftung im Kaufvertrag möglichst weitgehend ausgeschlossen werden, sodass die Käufer das Objekt letztlich »wie es steht und liegt« erwerben. Doch Gesetz und die Rechtsprechung verpflichten den Verkäufer, den Vertragspartner ungefragt über Mängel und andere wichtige Umstände, von denen er weiß, zu informieren. Hier einige Beispiele:

- fehlende Bau- oder Nutzungsgenehmigung für vorhandene Gebäude bzw. Beschränkungen der Bebaubarkeit bei unbebauten Grundstücken,
- Probleme mit der Statik (Extremfall: Einsturzgefahr),
- feuchte Wände, insbesondere im Keller,
- Schimmelbefall,
- Hausschwamm oder Hausbocklarven im Gebälk, selbst wenn es fachmännisch saniert wurde,
- Asbestgefahren etwa durch alte Faserbetonplatten wie Eternit, Bodenbeläge oder Isoliermaterialien,
- Altlasten bzw. Verdacht auf Altlasten im Erdreich (etwa nach Schaden am Öltank oder durch eine frühere gewerbliche Nutzung der Liegenschaft),
- ernste Störungen durch einen Gewerbebetrieb in der Nachbarschaft,
- Zahlungsverzug von Mietern.

Tipp

Verschweigt der Verkäufer ihm bekannte Mängel gegenüber den Käufern und diese entdecken sie später, können sie eine Kaufpreisminderung bzw. Schadenersatz oder sogar eine Rückabwicklung des Verkaufs verlangen, und zwar auch dann, wenn im Kaufvertrag jede Haftung des Verkäufers für Mängel ausgeschlossen wurde. Zur eigenen Sicherheit sollte der Verkäufer daher die ihm bekannten und den Käufern genannten Mängel in den Vertrag aufnehmen lassen.

WIE VERTRAGSWÜNSCHE WIRKLICHKEIT WERDEN

Hat der Notar die notwendigen Angaben und Informationen über die gewünschten Regelungen erhalten, wird er den Vertrag entwerfen. Je ausführlicher die Informationen sind, die der Notar erhält, desto höher sind auch die Chancen auf einen vollständigen, umfassenden Vertragsentwurf. Er sollte ihn dann beiden Parteien einige Tage, besser eine Woche vor dem Unterschriftstermin zusenden, damit sie ihn in Ruhe prüfen können. Einen gesetzlich vorgeschriebenen Zeitraum zwischen der Übersendung des Vertrags und dessen Beurkundung, wie bei einem Erwerb von einem Immobilienunternehmen, gibt es bei einem Kauf von Privat nicht. Die Vertragsparteien werden den Entwurf sorgfältig prüfen: Lesen genügt nicht, jede Regelung muss verstanden werden. Alle Absprachen bezüglich des Immobilienkaufs müssen im Notarvertrag enthalten sein. Ein Verkäufer sollte sich davor hüten, nur einen reduzierten Kaufpreis anzugeben und den Rest bar zu kassieren – vielleicht weil der Käufer Grunderwerbsteuer sparen oder Schwarzgeld unterbringen will. Fällt die unvollständige Beurkundung auf, wäre der Vertrag nach § 125 BGB nichtig. Darüber hinaus könnte dies sogar strafrechtliche Konsequenzen nach sich ziehen. Dasselbe gilt übrigens, wenn im notariell beurkundeten Vertrag absichtlich ein höherer Kaufpreis angegeben wird, als die Beteiligten in Wirklichkeit vereinbart haben.

Sämtliche Absprachen müssen in den Vertrag aufgenommen werden

Fragen zum Vertrag muss der Notar objektiv und ausführlich beantworten, ohne dass er dafür zusätzliche Gebühren erhält. Selbstverständlich kann jeder Vertragspartner auf eigene Kosten einen weiteren Juristen einschalten, der im Immobilienrecht bewandert ist. Änderungswünsche sollten Verkäufer und Käufer zunächst miteinander etwa per Telefon oder Mail abstimmen, um sie dann als gemeinsamen Vorschlag an den Notar weiterzugeben. Denn fordert eine Seite den Notar allein auf, Textteile umzuformulieren, könnte der Vertragspartner

Änderungswünsche gemeinsam formulieren

leicht misstrauisch werden – zumal wenn er ohnehin wegen der hohen Geldbeträge, um die es im Vertrag geht, nervös ist. Rechtzeitig vor dem Beurkundungstermin sollten auch die Grundschuldbestellungsunterlagen für die Kredite, mit denen die Käufer den Erwerb finanzieren, vorliegen, damit der Notar sie dann mit dem Käufer beurkunden kann.

WIE DAS FINALE ABLÄUFT

Zur Beurkundung müssen die Vertragsbeteiligten nicht nur ihre Personalausweise oder Pässe mitbringen, sondern unbedingt auch den Vertragsentwurf samt der besprochenen Änderungen, ferner Notizen über letzte verbliebene Fragen. Diese sollten gleich zu Beginn besprochen werden. Selbstverständlich sind beim Beurkundungstermin noch Änderungen möglich. Doch Vorsicht: Leicht kommt es zu Verstimmungen zwischen den Vertragsparteien, an denen sogar der Abschluss scheitern kann. Keinesfalls sollte ein Verkäufer in diesem Stadium noch um geringe Vorteile feilschen. Manchmal ist aber der Beurkundungstermin auch eine gute Gelegenheit, mit dem Vertragspartner noch einzelne Punkte zu verhandeln oder gemeinsam ein bisher offenes Problem zu lösen, weil der Notar dabei vermitteln und Lösungsvorschläge unterbreiten kann. In jedem Fall müssen Klauseln, bei denen der Verkäufer Risiken für die sichere Abwicklung sieht, besprochen und gegebenenfalls geändert werden. Wichtig ist, dass der Vertrag, der am Ende unterschrieben wird, das Ergebnis der Verhandlungen vollständig und richtig wiedergibt.

Dann muss der Notar den kompletten Vertrag vorlesen. Wer seinen Entwurf zur Hand hat, kann ihm leichter konzentriert folgen – und zugleich kontrollieren, ob alle Änderungen übernommen wurden.

Verkäufer und Käufer sollten sich nicht scheuen, den Notar bei der Verlesung des Vertrags zu unterbrechen und sämtliche Fragen zu stellen, die sie haben. Dazu muss ausreichend Zeit zur Verfügung stehen, niemand sollte sich unter Druck setzen lassen.

WER SEINE IMMOBILIE VOM GERICHT VERSTEIGERN LÄSST

Versteigerung als Option für zerstrittene Eigentümer

Nicht immer ist der Eigentümer zahlungsunfähig, wenn das Amtsgericht eine Immobilie versteigert: Mancher beantragt freiwillig deren Versteigerung, weil daran weitere Personen beteiligt sind, mit denen er sich weder auf eine gemeinsame Verwaltung noch auf einen Verkauf einigen kann. Meist sind es zerstrittene Erbengemeinschaften oder Paare. Im Folgenden wird angenommen, dass es nur zwei Eigentümer gibt, von denen einer die Teilungsversteigerung beantragt.

Manchmal bewirkt der Beginn des Verfahrens, dass sich die Streitparteien um eine Einigung bemühen. Der Antragsteller kann dazu während des gesamten Verfahrens dessen Fortgang anhalten. Er kann dann auch um ein Vermittlungsgespräch bei Gericht bitten – und er kann das Verfahren jederzeit endgültig beenden. Doch oft sind die Fronten verhärtet. Der Miteigentümer, der als Antragsgegner bezeichnet wird, kann eine einstweilige Einstellung des Verfahren beantragen – etwa, wenn er mit einem gemeinsamen Kind in der Immobilie wohnt und dessen Wohl durch die Versteigerung gefährdet sieht. Gibt das Gericht dem Antrag statt, wird das Verfahren einstweilen eingestellt. Geht es weiter, wird das Gericht einen öffentlich bestellten und vereidigten Sachverständigen beauftragen, den Verkehrswert der Immobilie (siehe Seite 27) zu ermitteln. Der Antragsteller wünscht, dass der Experte einen guten Eindruck vom Objekt gewinnt und den Wert hoch schätzt.

Entgegengesetzte Interessen von Antragsteller und -gegner

Der Antragsgegner, der vielleicht selbst billig ersteigern oder den Ex-Partner ärgern will, hat ein entgegengesetztes Interesse. Seine Chancen dazu stehen besonders gut, wenn er in der Immobilie wohnt oder sie verwaltet. Er muss den Gutachter nicht einmal zu einer Besichtigung einlassen. Dieser wird dann den Wert anhand der Unterlagen und des äußeren Eindrucks bewerten – mit einem Sicherheitsabschlag.

Gute Chancen, dass die Objektivität des Sachverständigen überzeugt

Wenn das Gericht den Streitparteien das Gutachten zuschickt und um Stellungnahme bittet, erkennen sie aber des Öfteren den Verkehrswert als korrekt an, weil der Sachverständige vom Gericht ausgewählt wurde und sie deshalb an seine Objektivität glauben. Manche einigen sich auf der Basis und beenden das Verfahren. Melden sich die Eigentümer nicht, nachdem sie das Gutachten erhalten haben, oder akzeptieren sie es, ohne das Verfahren zu stoppen, liegt von da an der ermittelte Verkehrswert dem Verfahren zugrunde. Das Gericht setzt nun einen Versteigerungstermin fest und veröffentlicht ihn mit Angaben zur Immobilie im Internet und in der Lokalpresse. Wollen Interessenten das Objekt besichtigen, muss sie der Antragsgegner nicht einlassen, falls er es bewohnt oder verwaltet. So sorgt er für niedrige Gebote.

Im Versteigerungstermin sind zwei Entwicklungen möglich:

- Der Antragsgegner wartet den öffentlichen Versteigerungstermin ab, bei dem er – wie der Antragsteller – mitbieten kann, aber nicht muss. Wenn dem Antragsteller das Höchstgebot, das vielleicht der Antragsgegner abgegeben hat, als zu gering erscheint, kann er auch zu diesem Zeitpunkt noch seinen Versteigerungsantrag zurücknehmen, er muss aber die Verfahrenskosten bezahlen. Die bessere Alternative: Er beantragt die einstweilige Einstellung und kann später einen neuen Termin ansetzen lassen. Dann hat er für das bisherige Verfahren die gleichen Kosten zu übernehmen wie bei der Rücknahme des Versteigerungsantrags. Doch kommt es zu einem weiteren Termin, müsste er nur die Kosten der erneuten öffentlichen Bekanntmachung tragen. Er darf sogar ein zweites Mal die einstweilige Einstellung verlangen – und bei der dritten Versteigerung bleibt immer noch die Möglichkeit der endgültigen Einstellung, wenn ihm auch dann das Höchstgebot nicht gefällt.

- Der Antragsgegner war rechtlich gut beraten und ist spätestens etwa sechs Wochen vor der Auktion dem Verfahren beigetreten – er akzeptiert es also –, sodass es nur noch mit seiner Zustimmung gestoppt werden kann. Der ursprüngliche Antragsteller kann also nicht verhindern, dass der Miteigentümer den Zuschlag erhält.

Langwieriges Verfahren

Bis es so weit ist, dürfte seit der Antragstellung etwa ein Jahr vergangen sein – wenn der Antragsgegner eine einstweilige Einstellung des Verfahrens durchzusetzen versuchte, sogar noch wesentlich länger. Insgesamt sind die Kosten einer amtlichen Verteilungsversteigerung, für die der Antragsteller einen Vorschuss leisten muss, deutlich geringer als bei einer freiwilligen Auktion (siehe Seite 101). Das Amtsgericht verlangt zum Beispiel bei einer Immobilie, die 250.000 Euro wert ist, insgesamt rund 6.000 Euro, wovon es allein für das Wertgutachten etwa 2.000 Euro und die Werbemaßnahmen rund 1.000 Euro ausgibt. Erhält einer der bisherigen Eigentümer den Zuschlag, wird die Gebühr reduziert, Grunderwerbsteuer ist nur auf den neu erworbenen Teil der Liegenschaft zu zahlen. Notargebühren für die Eigentumsumschreibung fallen ohnehin nicht an, weil das Gericht die entsprechenden Aufgaben übernimmt. Im Grundbuch eingetragene Rechte bleiben bei einer Teilungsversteigerung grundsätzlich bestehen.

Keine Notargebühren

Einige Wochen nach dem Zuschlag entnimmt das Gericht seine ausstehenden Gebühren aus dem Versteigerungserlös. Der Überschuss steht allen bisherigen Eigentümern zu, die sich aber über die Verteilung einigen müssen. Notfalls kommt es zu einem Gerichtsverfahren.

03

ALTERNATIVE ZUM VERKAUF: WIE DIE IMMOBILIE IN DER FAMILIE BLEIBT

Den Nachlass zu regeln, ist gar nicht so einfach: ob nun eine Immobilie vererbt werden soll oder die Eigentümer ihr Objekt frühzeitig verschenken und dafür von den neuen Hausherren einige Gegenleistungen verlangen wollen. Dieses Kapitel informiert über die vielfältigen Möglichkeiten. Da gibt es etwa die Schenkung gegen Wohnrecht, Nießbrauch oder Rente. Soll das Eigentum erst im Todesfall übergehen, lässt sich das per Erbvertrag regeln, insbesondere, wenn der spätere Erbe schon vorab Leistungen erbringen soll. Ansonsten sorgt ein Testament für Klarheit, wobei Vermächtnisse Streit vermeiden helfen.

Die eigene, solide finanzierte Immobilie bereitet Freude und gibt Sicherheit. Trotzdem stellt sich früher oder später die Frage, wem sie langfristig gehören soll. Mancher Eigentümer denkt dabei nicht nur an seinen Nachlass – ein Haus oder eine Eigentumswohnung kann auch schon früher zur Last werden: weil das Objekt renovierungsbedürftig wird, zu groß ist, der Grundriss nicht mehr passt, es nicht seniorengerecht ausgestattet ist, es am falschen Ort steht oder was es sonst für Gründe geben mag. Aber verkaufen? Das wirft neue Fragen auf: Was soll man in wirtschaftlich unsicheren Zeiten mit dem Erlös anfangen? Eine andere Immobilie kaufen? Das Geld etwa den Kindern geben, die gern ein Eigenheim erwerben würden? Sicher ist beim Verkauf nur, dass es Mühe macht, für die jetzige Immobilie einen guten Preis zu erzielen und eine neue zu fairen Konditionen zu erwerben. Zudem fallen Makler-, Notar- und Grundbuchgebühren sowie Grunderwerbsteuer an – da addieren sich die Nebenkosten schnell auf 10 und mehr Prozent des Immobilienwerts.

Gründe, nicht zu verkaufen

Es lohnt zu prüfen, ob die Altimmobilie nicht besser in der Familie verbleibt.

Fortschreitendes Alter verändert die Interessenlage

Typischerweise kommt es in der zweiten Lebenshälfte zu Überlegungen, was mit dem Haus bzw. der Eigentumswohnung geschehen soll: Der Ruhestand rückt näher und Kinder gehen ihre eigenen Wege. Jetzt ist die Zeit für den Eigentümer und gegebenenfalls seinen Partner, Pläne zu schmieden. Wie und wo wollen wir wohnen? Wie die Freiheiten des Ruhestands nutzen? Wie lassen sich bei Bedarf zusätzliche Einnahmen erschließen? Und wie findet man Unterstützung, wenn sie im Alter nötig wird? Der Besitz einer Immobilie kann helfen, auf solche Fragen gute Antworten zu finden.

Wird die Immobilie schon zu Lebzeiten an Angehörige übergeben, lassen sich dafür die unterschiedlichsten Gegenleistungen vereinbaren (siehe Seite 121) – und auch schon für die Übertragung gibt es für jede Situation die passende Rechtsform (siehe nächste Seite).

03

Pflichtteile und Ausgleichszahlungen bedenken

Wer mit einer Immobilie einen großen Teil seines Vermögens verschenkt, sollte – um Streit zu vermeiden – frühzeitig die Ansprüche aller Erbberechtigten bedenken. Eventuell sind Pflichtteile fällig bzw. eine Ausgleichszahlung des beschenkten Miterben. Damit Immobilieneigentümer solche Rechte in ihre Überlegungen einbeziehen, werden die Grundzüge der Erbfolge dargestellt (siehe Seite 125). Der Gesetzgeber regelt alles, aber gerade bei Erbschaften leider nicht immer so, wie es sich die Betroffenen vorstellen. Im Rahmen einer Nachlassplanung lässt sich das weitgehend korrigieren. Sie sollte auch dafür sorgen, dass das Finanzamt nur wenig oder gar keine Erbschaft- und Schenkungsteuer erhält – wie, wird ab Seite 140 beschrieben.

Mit dem nötigen Wissen über die Möglichkeiten, eine Immobilie zu übertragen und dabei eventuell Ansprüche abzusichern, sowie über das Steuer- und Erbrecht lässt sich die Nachlassplanung konkretisieren. Ist klar, was der Eigentümer und seine Angehörigen wünschen, muss das Konzept rechtssicher umgesetzt werden: mit einer Schenkung, einem Erbvertrag oder einem Testament (siehe Seite 156 bis 188).

Notar oder Rechtsanwalt hinzuziehen

Die folgenden Seiten sollen Grundinformationen und Anregungen für die Nachlassplanung liefern. Ein Buch kann jedoch nie die individuelle Beratung durch einen Notar oder einen sachkundigen Rechtsanwalt ersetzen. Sobald Steuerfragen eine Rolle spielen, sollte zudem ein Steuerberater mitwirken. Die Experten helfen dann im individuellen Fall, Risiken zu vermeiden, und geben geldwerte Anregungen. Ohnehin muss bei Immobilienverfügungen in der Regel ein Notar den Vertrag formulieren und beurkunden. Während die Erläuterungen des Vertrags im Notarhonorar enthalten sind, fallen für die Ausarbeitung alternativer Konzepte zusätzliche Gebühren an.

WIE EINE IMMOBILIE UNENTGELTLICH ÜBERTRAGEN WERDEN KANN

Mit den Willenserklärungen, die im Folgenden kurz beschrieben werden, kann ein Haus bzw. eine Eigentumswohnung übertragen werden. Die Willenserklärungen reichen von der sofort wirksamen Schenkung, über Verträge, die zwischen dem Empfänger und dem Eigentümer für dessen Todesfall geschlossen werden, bis zum Vermächtnis und Testament, von deren Regeln die Begünstigten unter Umständen erst nach dem Tod des Erblassers erfahren.

Für viele Lebenslagen geeignet

Schenkung unter Lebenden. Eine solche Lösung kommt in etlichen Situationen infrage: Wenn der Eigentümer sich nicht länger um die Verwaltung und Instandhaltung kümmern will, gibt er seine Immobilie per Notarvertrag ab und sichert sich entweder ein Wohnungsrecht oder er lässt sich eine Rente zahlen – oder er vereinbart beides. Seinen Kindern kann er mit der Übertragung den Start in die Eigenständigkeit erleichtern. Er kann aber auch im Rahmen einer vorweggenommenen Erbfolge das Objekt verschenken, und sich zum Beispiel den Nießbrauch sichern: Dann bleibt er weitgehend Herr im Haus, hat aber schon vor dem Todesfall geklärt, wem die Immobilie auf Dauer gehört. Stirbt der Alteigner frühestens nach einem Jahrzehnt, kann der Beschenkte die Freibeträge bei der Erbschaftsteuer ungekürzt nutzen. Mehr dazu auf Seite 141 und 147.

Keine Verkaufsmöglichkeit für Alteigentümer

Schenkung von Todes wegen. Hierfür wird jetzt ein Notarvertrag geschlossen und der Sachverhalt im Grundbuch vorgemerkt, doch das Eigentum geht – wie die Bezeichnung sagt – erst über, wenn der Schenkende verstorben ist. Der Alteigner verwaltet das Objekt bis zum Tod nach seinem Willen und zieht den Nutzen daraus. Doch verkaufen kann es der Alteigentümer wegen der Grundbucheintragung nicht mehr. Mehr dazu ab Seite 172.

Erbvertrag. Der Eigentümer und der Begünstigte vereinbaren vor dem Notar, dass das Eigentum im Todesfall übergehen soll. Der Eigentümer verwaltet die Immobilie nach seinen Vorstellungen und zieht den Nutzen daraus. Sein Nachfolger hat bei entsprechender Vertragsgestaltung die Sicherheit, Eigentümer zu werden, und kann gegebenenfalls im Erbvertrag zusagen, in das Objekt zu investieren oder sonstige Leistungen für den Eigentümer zu erbringen. Mehr dazu ab Seite 169.

Vermächtnis. Der Erblasser bestimmt, dass seine Erben dem Begünstigten ein bestimmtes Gut – hier die Immobilie – übergeben sollen. Mehr dazu ab Seite 173.

Testament. Der Erblasser bestimmt, wer was erben soll. Grenzen setzen ihm nur die Pflichtteilsregelungen. Mehr dazu ab Seite 174.

Zweckzuwendung

Weitere Möglichkeiten, eine Immobilie abzugeben, stellen die Zweckzuwendung – eine Übertragung von Vermögen mit der Auflage, es für einen vom Alteigentümer festgelegten Zweck zu verwenden – und der Vertrag zugunsten Dritter dar. Beide Formen sollen im weiteren Text nicht detailliert dargestellt werden. Denn eine Zweckzuwendung lässt sich mithilfe des Notars recht einfach regeln und der Vertrag zugunsten Dritter wird selten für Grundstücksgeschäfte genutzt. Der klassische Fall dieser Form ist das Sparbuch, das der Großvater eröffnet und dabei mit der Bank vereinbart, dass es nach seinem Tod dem Enkel ausgezahlt werden soll.

WELCHE ANSPRÜCHE SICH MIT EINER IMMOBILIE ABSICHERN LASSEN

Möglichkeiten, trotz Übertragung den Zugriff auf die Immobilie zu erhalten

Wenn Eigentümer darüber nachdenken, zu Lebzeiten ihr Haus bzw. ihre Eigentumswohnung zu übertragen, möchten viele den Zugriff auf die Immobilie nicht komplett verlieren. In diesem Abschnitt werden die dafür bestehenden Möglichkeiten grundlegend beschrieben. Verfügt der Eigentümer erst in seinem Letzten Willen über seine Immobilie, kann er diese Rechte auch separat einer ihm nahestehenden Person zukommen lassen – so erbt etwa der Sohn das Haus, aber die Tante erhält darin ein Wohnungsrecht. Wie diese Ansprüche generell ausgestaltet und abgesichert werden können, steht dann in den Abschnitten zur Nachlassplanung (siehe Seite 156) bzw. zum Schenkungsvertrag (siehe Seite 165).

Nießbrauch nicht übertragbar

Nießbrauch. Wer sich den Nießbrauch an einem Haus oder einer Eigentumswohnung vorbehält, darf nach §§ 1030 ff BGB lebenslang sämtlichen Nutzen daraus ziehen – also dort wohnen oder die Räume vermieten und die Miete kassieren. Dieses Recht ist nicht übertragbar, die Ausübung kann aber einem Dritten überlassen werden. Der Nießbraucher muss laut § 1041 BGB die Liegenschaft im üblichen Rahmen unterhalten und die Zinsen der Grundschulden, die bei Gewährung des Nießbrauchs bestanden, sowie die laufenden Kosten (Wohnnebenkosten) bezahlen. Umfassende Instandhaltungsmaßnahmen sind dagegen laut Gesetz Sache des neuen Eigentümers, der sie nicht einmal steuerlich geltend machen kann, weil das Einnahmen voraussetzen würde. Es ist jedoch möglich, im Vertrag zu vereinbaren, dass der Nießbraucher wie ein Eigentümer auch außergewöhnliche Kosten und Lasten trägt. Mehr dazu ab Seite 158. Nießbrauch kann auch für einen

Bruchteil einer Immobilie vereinbart werden, nicht aber – etwa bei einem Mehrfamilienhaus – für eine spezielle Wohnung.

Wohnungsrecht. Hier darf der Begünstigte lebenslang bestimmte Räume nutzen und dort »seine Familie sowie die zur standesmäßigen Bedienung und zur Pflege erforderlichen Personen« (§ 1093 BGB) aufnehmen. Auch ein Lebenspartner darf einziehen. Der Rechtsinhaber muss die Räume instandhalten und zahlt sonst – wenn nichts anderes vereinbart wird – nur für seinen individuellen Verbrauch (Wasser, Heizung etc.). Zieht der Rechtsinhaber aus, stehen die Räume leer. Er kann das Wohnungsrecht nicht anderen Personen zur Nutzung überlassen – es sei denn, der Vertrag erlaubt es ihm ausdrücklich (siehe Seite 158).

Achtung: Das Wohnungsrecht darf nicht verwechselt werden mit dem Dauerwohnrecht nach §§ 31 ff. Wohnungseigentumsgesetz, das quasi das Eigentum an einer Wohnung gewährt, nicht jedoch am Grundstück. Der Dauerwohnrechtinhaber darf die Wohnung vermieten und kann das Dauerwohnrecht auch – anders als das Wohnungsrecht nach BGB – verkaufen.

Leibrente. Dies ist eine regelmäßige, in der Höhe festgelegte lebenslange Zahlung. Häufig sieht der Vertrag vor, dass die Rente an die Preisentwicklung gekoppelt wird. Solche Klauseln müssen bei Leibrenten seit 2007 nicht mehr amtlich genehmigt werden. Bedingung: Die Anpassung erfolgt an einen Preisindex für die Gesamtlebenshaltung, den das Statistische Bundesamt oder ein Statistisches Landesamt ermittelt, bzw. an den Verbraucherpreisindex des Statistischen Amtes der EU. Für das Finanzamt gilt: Als Sonderausgaben kann der Zahlende nur den Ertragswert der Rente absetzen, den entsprechend der Rentenempfänger als Einkommen versteuern muss. So setzt das Finanzamt zum Beispiel bei einem Rentenbeginn mit 65 Jahren den Ertragswert mit 18 Prozent der Rente an. Der Prozentsatz ist geringer, wenn die Zahlungen in höherem Alter

Als Sonderausgaben nur Ertragswert der Rente absetzbar

beginnen – und umgekehrt. Eine Leibrente kann auch bei den wenigen Krankenkassenmitgliedern, die jährlich ihr Einkommen offenlegen müssen, eventuell den Beitrag steigern und würde bei der Sozialhilfe angerechnet, falls die eigenen Mittel – etwa im Pflegefall – nicht mehr ausreichen.

Leibrente mit Garantiezeit (Mindestzeitrente). Sie wird mindestens eine bestimmte Zahl von Jahren gezahlt; falls der Berechtigte vorzeitig stirbt, erhalten die Erben oder eine benannte Person das Geld bis zum Ende der Garantiezeit.

Abgekürzte Leibrente (Höchstzeitrente). Sie wird maximal eine festgelegte Zahl von Jahren überwiesen, stirbt der Bezieher vorher, entfallen weitere Leistungen.

Leistungszusage. Verlässliche Hilfe im Alter: Das möchten viele Senioren dafür eintauschen, wenn sie eine Immobilie übertragen. Doch es ist schwierig, dies vertraglich festzulegen (siehe Seite 159).

Altenteil. So ist es Tradition: Wenn der Bauer den Hof an den Erben übergibt, haben er und seine Frau fortan Anspruch auf Wohnung, Nahrung und Pflege – entsprechend den wirtschaftlichen Möglichkeiten des Nachfolgers. Die entsprechenden regionalen Gesetze, die schon vor Einführung des BGB in Kraft waren, bestehen weiter und werden auch in ländlichen Gebieten noch genutzt – aber hier im Buch nicht näher behandelt.

Steuerliche Anerkennung nur bei Betriebsübertragungen

Dauernde Last. Seit 2009 wird die Vereinbarung einer dauernden Last nur noch bei Betriebsübertragungen steuerlich anerkannt. Zuvor wurde eine solche Zahlung häufig als Gegenleistung zu einer Immobilienschenkung zugesagt, weil sie besonders hohe Steuervorteile brachte. Altverträge genießen nur noch 2012 Vertrauensschutz.

WELCHE VERMÖGENSVERTEILUNG DAS ERBRECHT VORSIEHT

Wenn Eigentümer eine Immobilie durch Schenkung, Testament oder Erbvertrag übertragen wollen, sollten sie die entsprechenden Erbgesetze kennen. Erhält ein Berechtigter nämlich nach den Vorgaben des Erblassers deutlich weniger, als ihm – bei Fehlen eines Letzten Willens – die Gesetze als Erbe zubilligen würden, kann er oft von einem begünstigten Miterben oder von einem, der vor Jahren eine Schenkung erhielt, einen Ausgleich verlangen (siehe Seite 132). Deshalb wird hier beschrieben, wer laut Gesetz wie viel erbt, wenn ein Alleinstehender (siehe folgender Abschnitt) bzw. ein Verheirateter (siehe Seite 127) stirbt.*)

WER EINEN ALLEINSTEHENDEN BEERBT

Das BGB gibt bei den Ansprüchen eine klare Rangfolge vor. Ist der Erblasser zum Todeszeitpunkt alleinstehend – gleich, ob ledig, geschieden oder verwitwet –, erben:

- alle leiblichen und adoptierten Kinder des Verstorbenen mit gleichem Anteil – das BGB bezeichnet sie als Erben erster Ordnung (siehe Grafik Seite 128). Sogar ein ungeborenes Kind des Erblassers zählt gleichberechtigt mit. Reform: Früher besaßen vor dem 1. Juli 1949 geborene nichteheliche Kinder keinen Erbanspruch gegenüber dem Vater und dessen Verwandten, falls der Vater am Stichtag 2. Oktober 1990 – also vor der Wiedervereinigung – in der damaligen Bundesrepublik lebte. Dies erklärte der Europäische Gerichtshof für Menschenrechte am 28. Mai 2009 für unzulässig. Entsprechend gab ein Gesetz am 12. April

---

*) Abweichend von der folgenden Darstellung gelten für landwirtschaftliche Betriebe in einigen Regionen Deutschlands unterschiedliche Sonderregeln.

2011 rückwirkend auch all diesen Kindern das volle Erbrecht, falls der Vater nach dem Urteilsspruch gestorben ist bzw. stirbt. Sogar, wenn der Vater vor dem 29. Mai 2009 starb, können solche vor dem 1. Juli 1949 geborenen nichtehelichen Kinder nun – wie alle anderen Kinder – eventuell Erbansprüche beim Tod von Verwandten väterlicherseits besitzen, wenn diese nach dem 28. Mai 2009 verstorben sind bzw. sterben. Ferner haben sie einen Anspruch auf einen Ausgleich vom Staat, wenn der Vater oder einer seiner Verwandten vor dem 29. Mai 2009 starb und der Staat mangels anderer Erben den Nachlass erhielt.
Wichtig für Patchwork-Familien: Zwischen Stiefkindern und Stiefelternteilen bestehen nach BGB keine Erbrechte;

- die Nachkommen eines erbberechtigten Kindes. Sie treten zu gleichen Teilen an dessen Stelle, falls es vor dem Erblasser verstorben ist – also nicht etwa dessen hinterbliebener Ehepartner. Hat das verstorbene erbberechtigte Kind keine Nachkommen, fällt dieser Erbanteil an seine Geschwister;
- falls der Verstorbene keine erbberechtigten Kinder hinterlässt, die Erben zweiter Ordnung, also seine Eltern. Ist ein Elternteil verstorben, treten seine Nachkommen, die Geschwister des Erblassers, zu gleichen Teilen an seine Stelle, sollten auch diese tot sein, wiederum deren Nachkommen, die Nichten und Neffen des Erblassers;
- die Großeltern des Verstorbenen: Als Erben dritter Ordnung fällt ihnen der Nachlass zu, wenn es keine Erben ersten und zweiten Grades gibt. Analog wie bei den vorherigen Gruppen gilt: Sollte ein Großelternteil tot sein, geht dessen Anteil an seine Nachkommen, also die leiblichen Onkel und Tanten des Erblassers, bzw. falls diese verstorben sein sollten, an deren Nachkommen, die Cousins und Cousinen des Erblassers;
- Erben vierten Grades, wenn es keine Verwandten dritten Grades gibt, also die Urgroßeltern des Erblassers und deren Nachfahren.

- der Staat, falls das zuständige Nachlassgericht feststellt, dass keine Person, die nach dem Gesetz oder einem Testament erbberechtigt wäre, vorhanden ist.

Das Schaubild »Wie das Gesetz die Erbfolge der Blutsverwandten regelt« (siehe Seite 128) verdeutlicht die beschriebenen Verwandtschaftsbeziehungen. Bei den Erbansprüchen gelten folgende Prinzipien:

- Verwandte nachfolgender Ordnung erben nur, wenn es keine Verwandten der vorhergehenden Ordnung gibt;
- Wenn ein Erbberechtigter verstorben ist, rücken seine Nachkommen auf und erhalten seinen Anteil zu gleichen Teilen. Beispiel: Der Enkel beerbt den Großvater nur, wenn sein Vater, das Kind des Großvaters, vor diesem gestorben ist. Ist ein Kind des Erblassers vor dem Erblasser verstorben, ohne Nachkommen zu hinterlassen, geht sein Anteil an seine Geschwister. Gibt es keine, haben Verwandte der nächsten Ordnung Zugriff auf den Nachlass.

Die zuvor dargestellten Erbansprüche unterstellen, dass der Erblasser frei über sein Vermögen bestimmen konnte. Denkbar ist aber, dass ihm zum Beispiel sein früher verstorbener Ehepartner das Eigenheim vererbt hat mit der Auflage, dass es später den gemeinsamen Kindern gehören soll (siehe Seite 177). Dann wären etwaige sonstige Kinder des Erblassers ausgeschlossen.

WER EINEN VERHEIRATETEN BEERBT

Hinterlässt der Verstorbene einen Ehepartner, dann besitzt dieser nach BGB Erbansprüche zulasten der Blutsverwandten. Mit einer Witwe bzw. einem Witwer sind im Erbrecht stets der/die eingetragene Lebenspartner/in gleichgestellt, ohne dass dies im folgenden Text jeweils erwähnt wird.

Wie das Gesetz die Erbfolge der Blutsverwandten regelt

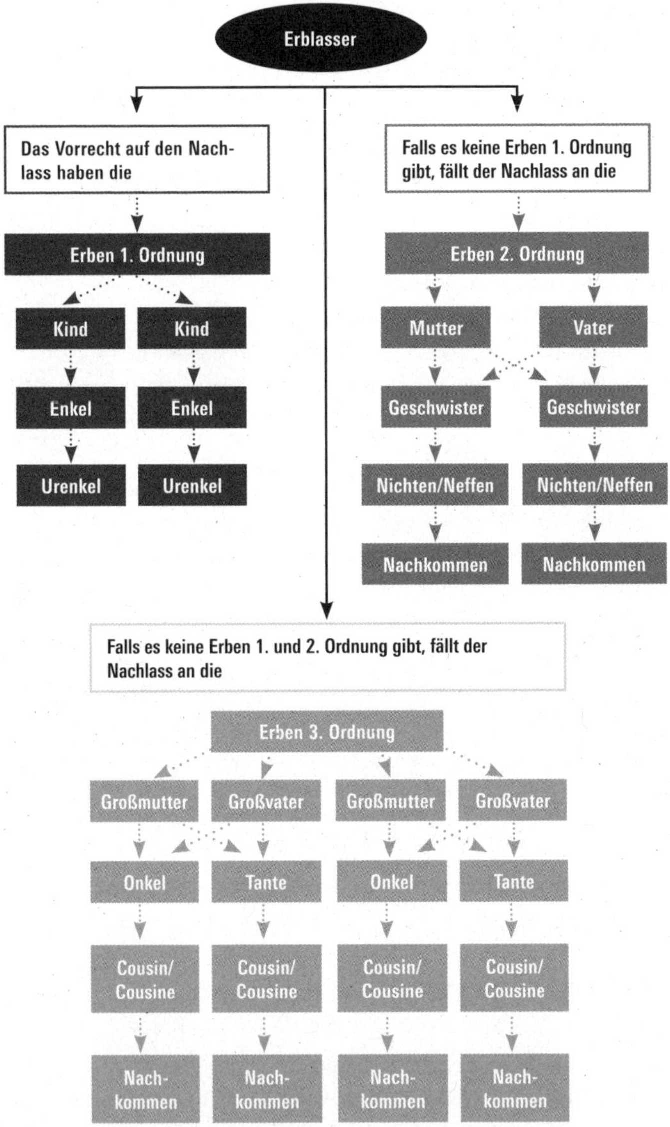

Die Verwandtschaftsbezeichnungen beziehen sich auf den Erblasser.

Der Voraus

Vorsicht

Der Anspruch auf den »Voraus« besteht nur, wenn das Erbe nach den gesetzlichen Vorgaben verteilt wird – nicht, wenn ein Testament bzw. ein Erbvertrag mit dem hinterbliebenen Ehepartner vorliegt.

Bevor das Erbe verteilt wird, erhält der hinterbliebene Ehepartner nach § 1932 BGB – wie Juristen sagen – den »Voraus«: den Hausrat inklusive eines etwa vorhandenen, den finanziellen Verhältnissen angemessenen Autos sowie Hochzeitsgeschenke, nicht aber persönlichen Besitz des Verstorbenen wie Schmuck oder von ihm beruflich genutzte Gegenstände. Dabei wird unterschieden: Sind Kinder mit erbberechtigt, erhält der Ehepartner nur die Gegenstände, die er zu einer angemessenen Haushaltsführung benötigt. Erbt die Witwe bzw. der Witwer neben den Eltern bzw. Geschwistern des Verstorbenen, kann sie/er allen Hausrat beanspruchen.

Die Höhe der weiteren Erbansprüche des Ehepartners wird vom Güterstand des Paares beeinflusst, das heißt von der Regelung, wie das in den Ehejahren erworbene Vermögen bei Scheidung oder eben Tod auf die Partner verteilt werden soll. Die größte Bedeutung haben zwei Formen:

- **Zugewinngemeinschaft** nach §§ 1363 ff. BGB: Bei diesem Güterstand, in dem alle Eheleute leben, die nicht per Ehevertrag etwas anderes vereinbaren, behält jeder Partner als alleiniger Eigentümer, was er mit in die Ehe gebracht hat bzw. in den Ehejahren als Erbschaft oder Geschenk erhielt. Aber die Erträge und Wertzuwächse dieses alleinigen Eigentums der Ehepartner sowie alle Dinge, die in der Ehezeit erworben – zugewonnenen – werden, zählen zum Zugewinn. Sie gehören zwar eigentumsrechtlich dem, auf dessen Namen sie erworben werden. Bei Scheidung oder einem Wechsel von der Zugewinngemeinschaft zu einem anderen Güterstand findet aber ein Vermögensausgleich in Geld statt. Für den Erbfall sieht das Gesetz einen pauschalierten Zugewinnaugleich vor: Der hinterbliebene Ehepartner erhält zusätzlich zum ohnehin fälligen Viertelanteil am Nachlass ein weiteres Viertel.
- **Gütertrennung** nach §§ 1414 ff. BGB: Hier behält jeder Partner, was er in die Ehe einbrachte und was in den Ehe-

jahren auf seinen Namen angeschafft wurde – unabhängig davon, aus wessen Einkommen es bezahlt wurde. Die Gütertrennung wird mit einem Ehevertrag vereinbart, den ein Notar beurkunden muss. Bis zum 30. Juni 1958 ging es in den alten Bundesländern auch einfacher: Einer der Ehepartner konnte allein vor dem Amtsgericht erklären, dass Gütertrennung herrschen soll. Wenn die Ehe noch besteht, gilt eine solche Erklärung bis heute.

Die Tabelle auf Seite 131 zeigt, wie viel vom Nachlass der Ehepartner – je nach Güterstand – erhält. Dabei sind verschiedene Konstellationen denkbar.

- Der Erblasser hat Nachkommen, die neben dem Ehepartner erbberechtigt sind.
- Der Verstorbene hinterlässt keine erbberechtigten Kinder, sodass seine Eltern als (Mit-)Erben zweiter Ordnung zum Zug kommen. Ist ein Elternteil verstorben, treten seine Nachkommen, die Geschwister des Erblassers zu gleichen Teilen an seine Stelle – sollten auch diese tot sein, wiederum deren Nachkommen, die Nichten und Neffen des Erblassers.
- Gibt es keine Erben erster und zweiter Ordnung, erben Großvater und Großmutter des Verstorbenen als Angehörige dritter Ordnung mit. Sollte einer der Großelternteile verstorben sein, geht dessen Anteil am Erbe des Enkels/der Enkelin aber an dessen/deren Ehepartner. Wenn also zum Beispiel der Großvater bereits tot ist, fällt dessen Anteil am Enkelerbe nicht seinen Nachkommen oder der Großmutter zu, sondern der hinterbliebenen Ehefrau des Enkels. Sind beide Großeltern vor dem Enkel verstorben, ist dessen hinterbliebener Ehepartner Alleinerbe.

Was dem hinterbliebenen Ehepartner per Gesetz zusteht

Güterstand der Eheleute	Erbteil der Witwe/des Witwers gegenüber Blutsverwandten des Erblassers				
	Erblasser hat erbberechtigte Kinder* bzw. Enkel, Urenkel (Erben 1. Ordnung)**	Es leben keine Erben 1. Ordnung, aber solche 2. Ordnung (= Eltern des Erblassers bzw. deren Nachkommen)**	Es leben keine Erben 1. u. 2. Ordnung		
			aber noch		und auch kein Großelternteil
			beide Großelternteile	ein Großelternteil	
Zugewinngemeinschaft ***	¼ + ¼ = ½	½ + ¼ = ¾	½ + ¼ = ¾	½ + ¼ + ⅛ = ⅞	1
Gütertrennung	½ bei einem Kind ⅓ bei zwei Kindern ¼ bei drei und mehr Kindern	½	½	¾	1

* Adoptivkinder sind leiblichen Kindern gleichgestellt (siehe Seite 125).
** Wenn Blutsverwandte verstorben sind, treten, falls vorhanden, deren Nachkommen an ihre Stelle, nicht etwaige Ehepartner.
*** Zum normalen Erbteil kommt ein Viertel als pauschaler Zugewinnausgleich.

Bei allen bislang beschriebenen Erbansprüchen wird unterstellt, dass der Erblasser frei über sein Vermögen bestimmen konnte. Denkbar ist es aber, dass er zum Beispiel sein Eigenheim von einem früher verstorbenen ersten Ehepartner erbte mit der Vorgabe, dass es später den gemeinsamen Kindern gehören soll. Juristisch ausgedrückt: Der Erblasser war Vorerbe, diese Kinder sind Nacherben. Dann wären gegebenenfalls der zweite Ehepartner und weitere Nachkommen insofern ausgeschlossen. Sie erhalten jedoch Erbteile von dem, was der aktuell Verstorbene als individuelles, nicht durch Nacherbschaft gebundenes Vermögen besaß.

Die Gütergemeinschaft nach § 1415 BGB bzw. die Eigentums- und Vermögensgemeinschaft nach dem Familiengesetzbuch der ehemaligen DDR sollen im Folgenden nur kurz dargestellt werden. Die Gütergemeinschaft kann bei entsprechend gestaltetem notariellen Ehevertrag nach dem Tod eines Ehepartners weiterbestehen: Dessen Kinder bzw. Blutsverwandte erben mit, doch die Vermögensverwaltung steht dem überlebenden Ehepartner zu. Erst nach dessen Tod kommen die Miterben an das Vermögen. Das besondere Eherecht der DDR gilt weiterhin für Paare, die zu DDR-Zeiten heirateten und bis zum 3. Oktober 1992 vor dem Kreisgericht erklärten, diesen Güterstand beibehalten zu wollen. Alle anderen, die vor der Vereinigung in Ostdeutschland heirateten, leben seit Oktober 1990 in einer Zugewinngemeinschaft nach BGB, falls sie nicht notariell einen anderen BGB-Güterstand, etwa Gütertrennung, vereinbarten. Nach den Regeln des DDR-Familienrechts wie nach denen der BGB-Gütergemeinschaft erhält der hinterbliebene Ehepartner ein Viertel des Nachlasses, falls Kinder vorhanden sind, die sich die restlichen drei Viertel teilen. Hinterlässt der Verstorbene keine Kinder, gleichen die Anteile des Ehepartners bzw. der Erben zweiter und dritter Ordnung denen bei BGB-Gütertrennung (siehe Tabelle Seite 131).

Besonderes Erbrecht der DDR

WANN ERBBERECHTIGTE EINEN ZUSCHLAG ERHALTEN

Das Gesetz soll für Ausgleich sorgen – ob nun Geschwister einst unterschiedlich wertvolle Geschenke erhielten oder ein Kind den Erblasser gepflegt hat, andere nicht: Die dafür auf Seite 133 beschriebenen Regeln greifen aber nur, wenn kein Testament vorliegt. Gibt es ein Testament, kann es gleichwohl von dem abweichen, was der Gesetzgeber für angemessen hält: Bleibt der Familie nach dem Letzten Willen wenig, greift die Pflichtteilsregelung (Seite 134). Und hat der Erblasser zu ihrem Nachteil vorab Vermögen verschenkt, gibt es ein Rückforderungsrecht (Seite 136). Korrigieren lässt es sich schließlich auch, wenn die pauschale Erbregelung bei einer ehelicher Zugewinngemeinschaft unangemessen scheint (Seite 138).

Bei Immobilienschenkungen sind die Ausführungen auf dieser Seite und Seite 136 besonders wichtig.

Warum zunächst benachteiligte Kinder mehr erben

Glückliche Jugend: Dem einen Kind finanzieren die Eltern ein Auslandsstudium, dem anderen schenken sie sogar eine Eigentumswohnung. »Ausstattung« heißen im Erbschaftsrecht solche Geschenke, die ein Kind von den Eltern oder den Großeltern erhält, damit es künftig auf eigenen Beinen stehen kann. Auch die klassische Aussteuer für eine Tochter oder das Startkapital für eine eigene Firma fallen darunter. Der Wert der Ausstattung wird nicht bei allen Kindern einer Familie gleich hoch sein. Stirbt nun ein Großeltern- oder Elternteil, soll deshalb die Erbschaft nach § 2050 BGB so auf die Kinder bzw. Enkel verteilt werden, dass jeder Nachkomme zusammen mit der jeweiligen Ausstattung am Ende gleich viel erhalten hat.

Wert der Ausstattung

Aber: Diese Regel gilt nur, wenn das Erbe nach Gesetz aufgeteilt wird, nicht aber, wenn ein Testament oder ein Erbvertrag ohnehin vom Gesetz abweichende Quoten vorschrieb. Teils ist auch strittig, was nun Ausstattung und damit ausgleichspflichtig ist und was ein normales Geschenk. Die Eltern/Großeltern sollten deshalb bei größeren Gaben mitteilen, ob sie zur Ausstattung gehören.

Wie Pflegeleistungen belohnt werden

Wer den Erblasser gepflegt hat, dem werden diese Leistungen aus dem Nachlass honoriert (§ 2057 a BGB). Für Erbfälle, die seit dem 1. Januar 2010 entstanden sind bzw. entstehen, gelten dafür verbesserte Bedingungen: Der zusätzliche Erbanspruch des Pflegenden wird anhand der Pflegeleistung kalkuliert. Ob er deswegen auf Arbeitseinkommen verzichtet hat, spielt keine Rolle mehr.

Bessere Bedingungen seit 2010

Ein pflegebedürftiger Witwer wird von der Tochter betreut, sein Sohn hilft nicht. Die Pflegeleistung ist mit 15.000 Euro, der Gesamtnachlass mit 235.000 Euro zu bewerten, die beiden Kinder erben nach Gesetz zu gleichen Teilen. Der Tochter stehen zunächst 15.000 Euro zu, von den verbleibenden 220.000 Euro erhält jedes Kind 110.000 Euro.

Ähnliche Ausgleichsansprüche können bestehen, wenn zum Beispiel ein Kind unentgeltlich im Betrieb des Erblassers mitgearbeitet hat. Diese Anerkennung wie auch die von Pflegeleistungen gibt es jedoch nur bei gesetzlicher Erbfolge, nicht wenn Kinder aufgrund eines Testaments oder Erbvertrags erben.

Wem ein Pflichtteil zusteht

Durch seinen Letzten Willen – also durch Testament oder Erbvertrag – kann ein Erblasser sein Vermögen ungleich unter den Erben verteilen, aber das BGB hat Grenzen gesetzt: Seinen Ehepartner und seine Kinder bzw. – falls der Verstorbene keine Nachkommen hat – seine Eltern darf der Erblasser nicht komplett vom Erbe ausschließen. Sie müssen mindestens die Hälfte dessen bekommen, was sie nach dem Gesetz erhalten hätten. Nur dieser engste Familienkreis hat einen Anspruch auf den Pflichtteil. Wären etwa seine Geschwister nach Gesetz erbberechtigt, weil der Erblasser keine Nachkommen hat und seine Eltern verstorben sind, und er ignoriert sie in seinem Testament, erhalten sie keinen Pflichtteil. Um den Text leichter verständlich zu machen, wird auf den nachfolgenden Seiten unterstellt, dass der Erblasser erbberechtigte Kinder hinterlässt.

Pflichtteile nur für engsten Familienkreis

Wer glaubt, ihm stünde ein Pflichtteil zu, muss diesen gegenüber den Erben einfordern. Erkennen sie den Anspruch nicht an, muss er innerhalb von drei Jahren, nachdem er vom Todesfall erfuhr, eine Klage bei Gericht einreichen. Der Pflichtteil muss dem Berechtigten von den Erben in bar ausgezahlt werden, denn er wird nicht Mitglied der Erbengemeinschaft.

Mancher Erblasser beschränkt die Verfügungsgewalt der Erben bzw. mindert den Wert von Erbteilen durch

- die Einsetzung eines Nacherben, sodass der Betroffene zwar erbt, das erlangte Gut aber gleichsam treuhänderisch für einen bestimmten Nacherben, zum Beispiel sein Kind, bewahren muss;
- eine Testamentsvollstreckung, bei dem der Erbe nur über die Erträge, nicht aber über das geerbte Gut selbst verfügen kann;
- eine Teilungsanordnung, also eine Bestimmung, wer was erben soll, die meist, aber eben nicht immer hilfreich ist;
- ein Vermächtnis, sodass dem darin Begünstigten zulasten des Erben Geld, ein bestimmtes Gut oder der Nießbrauch bzw. ein Wohnungsrecht zusteht;
- Auflagen, also bestimmte Pflichten, deren Erfüllung von den Begünstigten oder von Miterben eingeklagt werden können.

Erben, die auch pflichtteilsberechtigt sind (siehe Seite 134) und solche Vorgaben nicht akzeptieren wollen, können nach § 2306 BGB das Erbe stets ausschlagen und den Pflichtteil verlangen, über den sie dann frei verfügen können. Diese Gesetzesvorgabe gilt bei Erbfällen, die nach dem 1. Januar 2010 entstanden sind oder entstehen, früher war die Rechtslage komplizierter. Die Ausschlagung muss innerhalb von sechs Wochen erfolgen, nachdem der Betroffene von den ihn störenden Regelungen erfahren hat.

Ausschlagung innerhalb von sechs Wochen

Was eine Enterbung rechtfertigt

Seinen Nachkommen kann ein Erblasser den Pflichtteil nach § 2333 BGB entziehen, wenn sie:

- ihm, seinem Ehepartner, anderen Nachkommen bzw. ähnlich nahestehenden Personen nach dem Leben trachten oder sich gegen sie eines Verbrechens bzw. eines schweren vorsätzlichen Vergehens schuldig machen;
- ihm gegenüber gesetzliche Unterhaltspflichten böswillig verletzen;
- wegen einer vorsätzlichen Straftat zu mindestens einem Jahr Gefängnis ohne Bewährung verurteilt oder wegen eines solchen Vergehens in die Psychiatrie oder eine Entziehungsanstalt eingewiesen werden.

Die gleichen Gründe rechtfertigen es, die Eltern, falls sie pflichtteilsberechtigt wären, oder auch den Ehepartner zu enterben. Bis Ende 2009 waren die Gründe für den Entzug des Pflichtteils teilweise weniger präzise formuliert.

Wie Erben ihren Anteil an Schenkungen einfordern

Wenn ein Erblasser sein Vermögen zu Lebzeiten durch Schenkungen verkleinert, greift der Pflichtteilsergänzungsanspruch (§ 2325 BGB). Er steht nur den Pflichtteilsberechtigten, nicht aber allen anderen zu, die nach dem Gesetz Erbansprüche hätten – also zum Beispiel nicht den Geschwistern des Verstorbenen, wenn er keine Nachkommen und keinen Ehepartner hat und seine Eltern ebenfalls verstorben sind.

Bei diesem Pflichtteilsergänzungsanspruch sind alle Schenkungen, die der Erblasser in den letzten zehn Jahren vor seinem Tod vornahm, zu berücksichtigen. Während früher der Wert der Schenkungen während der zehn Jahre stets in voller Höhe mitzählte, sinkt bei Erbfällen, die seit dem 1. Januar 2010 entstehen, der angesetzte Wert von Jahr zu Jahr um ein Zehntel.

Ein Mann schenkte einem Freund gut sechs Jahre vor seinem Tod eine Eigentumswohnung im Wert von 200.000 Euro. Hiervon sind bei der Berechnung des Pflichtteilsergänzungsanspruchs im siebten Jahr nach der Schenkung noch vier Zehntel zu berücksichtigen, also 80.000 Euro.

Seiner Ehefrau, mit der er in Zugewinngemeinschaft gelebt hat, hinterlässt er als Alleinerbin 500.000 Euro. Der um den Zuschlag für die Schenkung erhöhte Nachlass hat also einen Wert von 580.000 Euro. Sein außerehelicher Sohn, dem nach Gesetz das halbe Erbe (= 290.000 Euro) zustünde, fordert den Pflichtteil von der Erbin: Die Hälfte seines gesetzlichen Erbanspruchs, also 145.000 Euro. Die Witwe kann keinen Ausgleich vom Freund verlangen, weil sie nach Testament erbt und nicht nach der Pflichtteilsregelung.

Variation: Einen direkten Anspruch an den beschenkten Freund hätte der Sohn, wenn das Erbe nicht ausreicht, seinen Pflichtteilsanspruch zu erfüllen.

Extremfall: Der Erblasser war völlig verarmt. Vom Wert der Wohnung wären im siebten Jahr nach der Schenkung noch (vier Zehntel von 200.000 Euro) 80.000 anzusetzen. Der gesetzliche Erbanspruch des Sohnes beträgt 40.000 Euro, sein Pflichtteilanspruch aufgrund der Ergänzung also 20.000 Euro. Die gleiche Summe kann die Stiefmutter, die in dieser Situation auch den Pflichtteil verlangt, vom Freund des Verstorbenen fordern.

Kein Pflichtteilsergänzungsanspruch besteht dagegen nach § 2330 BGB bei einer Pflichtschenkung.

Die Lebenspartnerin des Erblassers hat seinen Haushalt viele Jahre unentgeltlich geführt und ihn auch während einer langen schweren Krankheit gepflegt. Er sieht sich daher in der Pflicht, ihr zur Alterssicherung eine Eigentumswohnung zu schenken. Zur Klarheit sollte im Schenkungsvertrag deutlich werden, dass es sich um eine Pflichtschenkung handelt; besser noch, wenn der Vertrag nicht von einer Schenkung spricht, sondern von einer Gegenleistung für erhaltene unentgeltliche Leistungen. Ohnehin besteht etwa bei Geburtstags- oder Hochzeitsgeschenken kein Pflichtteilsergänzungsanspruch, solange sie den wirtschaftlichen Verhältnissen des Erblassers entsprochen haben.

Eine Besonderheit ist zu beachten, wenn der Erblasser seinem Ehepartner zum Beispiel ein Haus oder eine Eigentumswohnung schenkt: Es ist stets bei einem Pflichtteilsergänzungsanspruch zu berücksichtigen, weil für Schenkungen an den Ehepartner nach § 2325 Abs. 3 S. 3 BGB die schützende 10-Jahres-Frist erst mit der Auflösung der Ehe beginnt.

Schenkung wird immer berücksichtigt

Der Bundesgerichtshof hat entschieden, dass die Vorgabe des § 2325 auch auf Schenkungen anzuwenden ist, die mehr als zehn Jahre zuvor erfolgten, wenn der Erblasser dabei aber nicht auf wesentliche wirtschaftliche Rechte verzichtet hat – etwa weil er den Nießbrauch oder das Wohnrecht behielt. Dann wird der Fall behandelt, als habe er die Immobilie erst am Todestag, an dem Nießbrauch bzw. Wohnrecht entfallen sind, verschenkt. Die Schenkung zählt also in jedem Fall bei der Berechnung des Pflichtteilsergänzungsanspruchs mit.

Ein Erblasser verschenkt elf Jahre vor seinem Tod sein Eigenheim und behält das Wohnrecht, folglich besteht ein Pflichtteilsergänzungsanspruch. Anders, wenn der Erblasser zum Beispiel elf Jahre vor seinem Tod ein größeres Mehrfamilienhaus verschenkte und nur das Wohnrecht einer Wohnung behielt: Hier hat er auf wesentliche Vorteile verzichtet, entsprechend gibt es keinen Pflichtteilsergänzungsanspruch gegenüber dem Beschenkten.

Wann es sich für Witwen und Witwer lohnt, den Pflichtteil zu verlangen

Wirtschaften Eheleute in Gütertrennung, müssen sie während der Ehejahre darauf achten, dass jeder einen angemessenen Anteil am erworbenen Vermögen erhält. Bei der Zugewinngemeinschaft entfällt diese Aufgabe. Egal auf wessen Namen etwa eine Immobilie gekauft oder ein Guthaben angespart wurde: Sind die Vermögen der Partner in der Ehezeit unterschiedlich gewachsen, wird das spätestens im Todesfall ausgeglichen. Liegt kein Letzter Wille vor, erspart der Gesetzgeber den Hinterbliebenen dabei langes Rechnen: Nach § 1371 BGB erhält der hinterbliebene Ehepartner bei einer Zugewinngemeinschaft pauschal ein Viertel des Nachlasses mehr, als das Erbrecht sonst für ihn vorsieht.

Ein Ehepaar startet mittellos und erspart sich im Lauf der Jahrzehnte ein Haus, das im Grundbuch allein auf den Namen des Mannes eingetragen ist. Als er 2010 stirbt, ist die Liegenschaft 200.000 Euro wert – alles Zugewinn. Die Witwe erbt nach Gesetz 100.000 Euro, die Kinder gleich viel.

Genau genommen hat die Witwe im Beispiel von ihrem Mann nichts geerbt. Denn der Zugewinn gehörte ihr ohnehin zur Hälfte. Sie könnte deshalb die Erbschaft ausschlagen und erhielte dann zunächst den Zugewinn und von der verbleibenden Erbmasse von 100.000 Euro ein Achtel, also zusätzliche 12.500 Euro. Wenn sie diese Strategie verfolgen will, muss sie sich jedoch beeilen: Eine Erbschaft kann man nur in den ersten sechs Wochen nach dem Todesfall ausschlagen.

Eile geboten

Fordert die Witwe im obigen Fall den Zugewinnausgleich, erhält sie 100.000 Euro – und von der verbleibenden Erbmasse ein Achtel, also zusätzlich 12.500 Euro.

WIE SICH ERBSCHAFT- UND SCHENKUNGSTEUERN MINIMIEREN LASSEN

Wenn Bürger Teile ihres Vermögens vererben oder verschenken, wird Erbschaft- oder Schenkungsteuer fällig – zumindest im Prinzip. Denn zum Glück sind etliche Transaktionen im Familienkreis befreit und auch sonst gibt es einige Freibeträge, die man im Lauf der Zeit sogar mehrfach nutzen kann. Bei einer klugen Nachlassplanung lassen sich damit erhebliche Vermögen steuerfrei übertragen (siehe Seite 147).

Doch zunächst sollen die Grundregeln erläutert werden, die für beide Steuerarten – also Erbschaft- und Schenkungsteuer – identisch sind. Neben der Darstellung der allgemeinen Regeln konzentriert sich dieses Buch auf Fragen rund um deutsche Immobilien. Nicht behandelt werden die steuerrechtlichen Vorgaben für Gewerbebetriebe und die Landwirtschaft sowie für Eigentum im Ausland.

WER WELCHE FREIBETRÄGE NUTZEN KANN

Vererbte oder verschenkte Werte häufig unterhalb der Freibeträge

Beim Blick auf die folgende Tabelle wird vielen Bürgern, die unentgeltlich von nahen Verwandten etwas Wertvolles erhalten werden oder an diese abgeben wollen, schnell klar: Mit dem Thema Schenkung- bzw. Erbschaftsteuer brauchen sie sich nicht näher zu beschäftigen, weil die Werte, um die es in ihrem Fall geht, geringer sind als die persönlichen Freibeträge.

Auffällig: Während Stiefkinder beim Tod des Stiefelternteils nach BGB nichts erben, profitieren sie und ihre Nachkommen bei der Erbschaft- und Schenkungsteuer von den gleichen Freibeträgen und Steuersätzen wie leibliche Kinder. So fördert der Staat den Zusammenhalt in Patchwork-Familien.

Auch eingetragene Lebenspartnerschaften werden seit 1. Januar 2011 wie Ehepaare behandelt. Was im Folgenden über die Erbschaft- und Schenkungsteuer für Eheleute geschrieben steht, gilt deshalb stets auch für eingetragene Lebenspartnerschaften.

Wer welchen persönlichen Freibetrag erhält

Steuerklasse	Beziehung zum Schenkenden bzw. Erblasser	Freibetrag in Euro
I	Ehepartner, eingetragene Lebenspartner	500.000
	Kinder (leibliche, Adoptiv- und Stiefkinder), Nachkommen verstorbener Kinder	400.000
	sonstige Enkel	200.000
	Urenkel	100.000
	Eltern, Groß- und Urgroßeltern bei Erbschaft bzw. Schenkung auf den Todesfall (siehe Seite 172)	100.000
II	Eltern, Groß-/Urgroßeltern bei normaler Schenkung	20.000
	Geschwister, Neffen und Nichten	
	Schwiegerkinder und -eltern, Stiefeltern	
	geschiedene Ehepartner, geschiedene eingetragene Lebenspartner	
III	alle übrigen Personen	20.000

Bei Schenkungen gelten die in der Tabelle genannten Freibeträge jeweils für einen Zeitraum von zehn Jahren.

Ein Kind erhielt vom Vater am 2. Januar 2000 als Geschenk 300.000 Euro. Schenkt ihm der Vater zu Weihnachten 2009 weitere 150.000 Euro und zahlt sofort, wären davon 50.000 Euro schenkungsteuerpflichtig. Erfolgt die Überweisung aber nach dem 2. Januar 2010, sind seit der ersten Schenkung zehn Jahre vergangen, sie zählt nicht mehr mit und es wird keine Schenkungsteuer fällig. Ohnehin sind Geschenke unter Lebenden, etwa zu Geburtstagen oder Familienfesten, steuerfrei, wenn sie angesichts der wirtschaftlichen Verhältnisse der Beteiligten als angemessen gelten.

Nach § 13 ErbStG bleiben im Erbfall auch bestimmte Zuwendungen steuerfrei:

- bei einer Person der Steuerklasse I Hausrat, Wäsche und Kleidung bis zu einem Wert von 41.000 Euro sowie zusätz-

lich bewegliche Gegenstände, etwa Schmuck oder Autos, für 12.000 Euro – doch für Zahlungsmittel, Wertpapiere, Münzen sowie unverarbeitete Edelmetalle, Edelsteine und Perlen gilt der Freibetrag nicht;
- bei Personen der Steuerklasse II und III solche Gegenstände bis zu einem Gesamtwert von 12.000 Euro;
- Erwerbe der Eltern, Adoptiveltern, Stiefeltern oder Großeltern im Todesfall, wenn der Erwerb zusammen mit dem übrigen Vermögen des Erwerbers 41.000 Euro nicht übersteigt und der Erwerber erwerbsunfähig ist bzw. deshalb nicht erwerbstätig ist, weil er einen im Haushalt lebenden erwerbsunfähigen oder in der Ausbildung befindlichen Nachkommen betreut;
- Zuwendungen, die dem Empfänger einen angemessenen Unterhalt sichern;
- Zuwendungen an eine Person in Ausbildung;
- Zuwendungen zu kirchlichen, mildtätigen und gemeinnützigen Zwecken bzw. an Parteien;
- größtenteils steuerfrei bleibt die unentgeltliche Übereignung von Kunstgegenständen und Sammlungen sowie von Schlössern und ähnlichem Grundbesitz, wenn sie kulturgeschichtlich wertvoll sind und nicht zu erwarten steht, dass sie Gewinn abwerfen.

Versorgungsfreibeträge

Weitere Freibeträge gelten bei Erbschaften zusätzlich zu den persönlichen Freibeträgen (siehe Tabelle Seite 141). So können Personen, die den Erblasser unentgeltlich oder gegen geringes Entgelt gepflegt oder unterhalten haben, bis zu 20.000 Euro steuerfrei erben. Ferner gibt es Versorgungsfreibeträge: für hinterbliebene Ehepartner 256.000 Euro, für Kinder bis zum Alter von fünf Jahren je 52.000 Euro. Kinder, die beim Tod des Elternteils älter sind, erhalten in 5-Jahres-Stufen einen um jeweils rund 10.000 Euro geringeren Freibetrag; sind sie zu dem Zeitpunkt bereits 27 Jahre alt, gehen sie hier leer aus. Der Versorgungsfreibetrag wird allerdings reduziert, wenn die Angehörigen eine Hinterbliebenenversorgung erhalten, für die sie keine Erbschaftsteuer bezahlen müssen. Das ist die Regel bei Leistungen der gesetzlichen Rentenversicherung, bei Betriebsrenten und staatlichen Pensionen. Um wie viel der Versorgungsfreibetrag bei solchen Leistungen verringert wird, lässt sich leicht abschätzen für:

- Ehepartner mit der Tabelle auf Seite 154. So wird gerechnet: Abzugsbetrag = (Kapitalwert einer Jahresrente von 1 Euro für das jeweilige Alter) x (Rente pro Jahr vor Abzug der Einkommensteuer).
- Kinder mit der Tabelle auf Seite 153. So wird gerechnet: Abzugsbetrag = (Kapitalwert einer Jahresrente von 1 Euro für die Laufzeit der Rente) x (Rente pro Jahr vor Abzug der Einkommensteuer).

WELCHE ROLLE DER ZUGEWINNAUSGLEICH SPIELT

Die meisten Eheleute leben in Zugewinngemeinschaft (siehe Seite 127), das heißt: Jeder Gatte behält das Eigentum, das er mit in die Ehe bringt sowie etwaige während der Ehe erhaltene Schenkungen und Erbschaften – und dieses Vermögen zählt auch nicht zum Zugewinn. Wohl aber alles Übrige, was in der Ehe angeschafft wird. Es gehört zwar dem, auf dessen Namen es erworben wird, doch es wird abgerechnet, wenn sich ein Paar scheiden lässt oder vom Güterstand der Zugewinngemeinschaft etwa zu dem der Gütertrennung wechselt – oder wenn einer der beiden stirbt.

Unabhängig davon wie die Zugewinngemeinschaft endet:
Zu diesem Zeitpunkt erhält der, auf dessen Namen weniger als die wertmäßige Hälfte erworben wurde, einen Ausgleich, sodass unter dem Strich der Zugewinn der beiden aus den Ehejahren gleich hoch ist. Die gute Nachricht: Dieser Übertrag unterliegt nicht der Schenkungsteuer.

Berechnung des Zugewinnausgleichs

Gleichwohl interessiert sich das Finanzamt für den Zugewinnausgleich. Denn was über diesen Betrag hinaus von einem auf den anderen Partner übertragen bzw. vererbt wird, unterliegt der Schenkung- oder Erbschaftsteuer. Die Berechnung des Zugewinnausgleichs zeigt vereinfacht die Beispieltabelle: Vom Vermögen am Ende der Zugewinnzeit wird das Anfangsvermögen jedes Partners abgezogen, sodass sich der Zugewinn ergibt – im Beispielfall hat er 1.400.000 Euro, sie 100.000 Euro mehr als bei der Hochzeit, macht zusammen 1.500.000 Euro, also stehen jedem 750.00 Euro Zugewinn zu. Um das zu erreichen, muss der Mann der Frau 650.000 Euro abtreten. Nun hat er 850.000 Euro, sie 800.000 Euro – eine Differenz, die dem Vermögensunterschied zu Beginn der Ehe entspricht. Wenn die Zugewinngemeinschaft nicht durch den Tod eines Gatten endet, muss der Ausgleich in Geld erfolgen, also Vermögen vom einen auf den anderen Ehepartner übertragen werden. Im Todesfall geschieht dies im Rahmen der Erbteilung (siehe Seite 127). Bei geringerem Vermögen, als in der Tabelle angesetzt wurde, wird wegen der diversen Freibeträge kaum Erbschaftsteuer fällig.

Wie der Zugewinnausgleich berechnet wird

Position	Ehemann	Ehefrau
Endvermögen	1.500.000	150.000
Anfangsvermögen	– 100.000	50.000
Zugewinn	= 1.400.000	100.000
Zugewinnausgleich	– 650.000	+ 650.000
Vermögen nach Zugewinnausgleich	850.000	800.000

Wäre im Beispielfall der Mann verstorben und die Frau Alleinerbin, würde die Kalkulation der Erbschaftsteuer bei 850.000 Euro ansetzen, wobei mindestens der Ehepartner-

Freibetrag abgezogen würde. Aber: Wäre im Beispielfall die Frau gestorben und der Mann Alleinerbe, würde das Finanzamt die Erbschaftsteuerforderung nur aufgrund ihres Endvermögens von 150.000 Euro berechnen und keinen Zugewinnausgleich addieren. Er würde also nicht mit Erbschaftsteuer belastet.

WIE DAS FINANZAMT DIE STEUER BERECHNET

Der erste Schritt zur Steuerermittlung ist einfach: Anhand der Beziehung zwischen dem, der gibt, und dem, der erhält, bestimmt der Finanzbeamte die Steuerklasse (siehe Tabelle Seite 141). Dann wird der – so der Fachausdruck – steuerpflichtige Erwerb berechnet, was im Prinzip folgendermaßen vor sich geht:

Schenkung. Deren Wert minus dem Wert etwaiger mit übernommener Verpflichtungen minus dem persönlichen Freibetrag.

Erbschaft. Der gesamte Wert der Erbanteils minus zu übernehmende Schulden des Verstorbenen minus anteilige Kosten (ohne Verwaltungsaufwand), die der Nachlass bis zur endgültigen Verteilung verursacht, minus etwaigen Versorgungs- und sonstigen Freibeträgen minus persönlichem Freibetrag.

Den so ermittelten steuerpflichtigen Erwerb multipliziert der Sachbearbeiter mit dem Steuersatz, der durch die Steuerklasse und den ermittelten Wert des Erwerbs bestimmt wird.

Wie viel Prozent der Fiskus kassiert

Wert des Geschenks bzw. Erbteils in Euro nach Abzug der Freibeträge	Steuerklasse I	Steuerklasse II	Steuerklasse III
	Steuersatz in Prozent seit 1. Januar 2010		
Bis einschließlich 75.000	7	15	30
Bis einschließlich 300.000	11	20	30
Bis einschließlich 600.000	15	25	30
Bis einschließlich 6.000.000	19	30	30
Bis einschließlich 13.000.000	23	35	50
Bis einschließlich 26.000.000	27	40	50
Mehr als 26.000.000	30	43	50

Als der Vater stirbt, bleibt dem Sohn (Steuerklasse I) nach Abzug von Schulden und Kosten ein Erbe von 550.000 Euro. Minus 400.000 Euro Freibetrag ergibt sich ein steuerlicher Erwerb von 150.000 Euro, für die in Klasse I ein Steuersatz von 11 Prozent gilt – also sind 16.500 Euro Erbschaftsteuer fällig.

Hätte ein Freund des Verstorbenen diesen Erbteil erhalten, hätte er einen steuerlichen Erwerb von (550.000 Euro minus 20.000 Euro Freibetrag =) 530.000 Euro, von dem der Staat 30 Prozent verlangt, also 159.000 Euro.

Da die Steuersätze jeweils für den gesamten steuerpflichtigen Erwerb gelten, kommt es zu Sprüngen, wenn der Wert nicht auf der Obergrenze einer Tabellenstufe liegt, sondern knapp darüber.

Hätte ein Sohn einen steuerpflichtigen Erwerb von 75.000 Euro, müsste er davon 7 Prozent, gleich 5.250 Euro, an das Finanzamt zahlen. Bei 76.000 Euro wären es 11 Prozent bzw. 8.360 Euro. Der Erbe würde besser auf den letzten Tausender verzichten. Da hatten die Finanzminister ein Einsehen und führten einen Härteausgleich ein: Den die Tarifgrenze übersteigenden Betrag kassiert der Staat im Beispielfall nur zur Hälfte, sodass der Sohn bei den 76.000 Euro Erwerb statt 8.360 Euro nur (5.250 + 500 =) 5.750 Euro Steuern zahlen muss. Erst wenn in der erreichten Tabellenstufe eigentlich auf den Gesamtbetrag 30 oder mehr Prozent Steuern fällig wären, verlangt das Finanzamt drei Viertel des Teilbetrags oberhalb der Grenze.

Einen Rabatt gewähren die Beamten auch Personen der Steuerklasse I in dem tragischen, aber nicht seltenen Fall, dass dasselbe Vermögen innerhalb kurzer Zeit mehrfach vererbt wird – also wenn beispielsweise die Mutter den Vater beerbt, bald danach selbst stirbt und das Vermögen den Kindern hinterlässt. Tritt der neue Erbfall binnen Jahresfrist ein, verlangt das Finanzamt dafür nur den halben Erbschaftsteuersatz. Der Abschlag wird mit jedem Jahr, der zwischen dem ersten und zweiten Erbfall vergeht, geringer; ab dem zehnten Jahr entfällt er ganz.

WIE STRATEGEN DIE FREIBETRÄGE OPTIMAL NUTZEN

Insbesondere für Personen außerhalb der Kernfamilie sind die Freibeträge schnell ausgeschöpft.

Ein Besserverdiener will seiner Nichte mit 40.000 Euro bei der Baufinanzierung helfen. Da lassen sich die 20.000 Euro Freibetrag leicht verdoppeln: Er und seine Ehefrau schenken das Geld je zur Hälfte, oder es geht nicht allein an die Nichte sondern zur Hälfte an deren Partner.

Beliebt sind auch Kettenschenkungen.

Will der Schwiegervater der Schwiegertochter 100.000 Euro Kapital für ihre Firmengründung überlassen, kann er das Geld seinem Sohn schenken, der es seiner Frau gibt. Jedoch darf der Schenkungsvertrag den Sohn nicht zur Weitergabe verpflichten. Denn damit wäre klar, dass der Umweg nur gewählt wurde, um die Schenkungsteuer zu sparen: Die Aktion würde als ein Umgehungstatbestand gelten, der das Finanzamt nicht von der Steuererhebung abhält. Besser ist es auch, wenn die Beträge nicht identisch sind und etwas Zeit zwischen dem Empfang des Gelds und der Weitergabe vergeht.

Ist eine längerfristige Nachlassregelung geplant, bei der etwa ein Kind ein nennenswertes Vermögen von seinen Eltern erhalten soll, hilft es sehr, dass die Freibeträge alle zehn Jahre erneut genutzt werden dürfen. Dabei kann der Nachwuchs von Vater und Mutter jeweils 400.000 Euro erhalten. Pech, wenn das über die Ehejahre im Rahmen einer Zugewinngemeinschaft angesammelte Vermögen weitgehend auf den Namen eines Elternteils angelegt wurde. Doch die Eheleute können jederzeit per Notarvertrag die Gütertrennung vereinbaren. Folge: Sie müssen sofort einen Zugewinnausgleich durchführen, der das Vermögen gleichmäßig auf beide Partner verteilt, ohne dass Schenkungsteuer fällig würde (siehe Seite 144). Nun können Vater und Mutter die Freibeträge für die Übertragung ausschöpfen – und auf Wunsch wieder mit einem neuen Notarvertrag zur Zugewinngemeinschaft zurückkehren.

Gütertrennung notariell vereinbaren

Lösbar ist auch das Steuerproblem, wenn ein Lebenspartner größere Werte erhalten soll, etwa um ihn für das Alter abzusichern: durch Heirat. Steuerrechtlich kommt ebenso eine Adoption in Frage. Doch während sich Eheleute scheiden lassen können, sind Kinder nur in Extremfällen zu enterben. Adoption ist dagegen der Königsweg, wenn kinderlose Senioren ihr Vermögen zum Beispiel einem Neffen oder einer Nichte zukommen lassen wollen.

Kinder nur selten zu enterben

WER DAS EIGENHEIM STEUERFREI ÜBERNEHMEN DARF

Wenn die Freibeträge bei einem größeren Vermögen nicht zur steuerfreien Übertragung ausreichen, gibt es Entlastung: Zusätzlich kann der Familienwohnsitz steuerfrei auf den Ehepartner oder die Nachkommen übertragen bzw. vererbt werden.

Übertragung an Ehepartner zu Lebzeiten

Ferienhäuser bei Schenkung nicht steuerbegünstigt

Jederzeit und unabhängig vom Güterstand kann ein Ehepartner, dem das Heim der Familie oder ein Teil davon gehört, es dem anderen ganz oder teilweise schenken, ohne dass Schenkungsteuer anfällt. Entscheidend ist, dass das Objekt den Lebensmittelpunkt der Familie darstellt. Ferienhäuser sind also nicht begünstigt. Solange der Wohnzweck dominiert, stört es nicht, wenn eine Teilfläche etwa als Arbeitszimmer dient. Wie groß und luxuriös dieses Familienheim ist, spielt keine Rolle. Es muss sich auch nicht um ein Einfamilienhaus oder eine Eigentumswohnung handeln. Es kann eine Wohnung in einem Zwei- oder Mehrfamilienhaus bzw. in einem sonst gewerblich genutzten Gebäude sein, an dem der Ehepartner in diesem Fall einen ideellen Anteil steuerfrei erhalten kann, welcher der Relation der eigengenutzten Wohnung zum Gesamtgebäude entspricht.

Tricks für mobile Topverdiener

Nach der Übertragung braucht die Immobilie nicht länger als Familienwohnsitz zu dienen, der beschenkte Ehepartner darf sie sofort verkaufen. Dann kann ein neues Eigenheim erworben und wieder auf den Ehepartner übertragen werden. Das ist günstig für mobile Topverdiener, zumal die Regelung für den gesamten Europäischen Wirtschaftsraum gilt, zu dem neben der EU noch die Schweiz, Norwegen und Island gehören – aber stets muss die Immobilie bei der Übertragung auf den Ehegatten der Lebensmittelpunkt des Paars sein. Alternativ kann der eine Ehepartner die Schulden übernehmen, die der andere für den Erwerb des Familiendomizils aufgenommen hat, ferner kann er ihm einen Umbau finanzieren.

Verlangt ein Erbe den Pflichtteil, zählt eine Schenkung an den Ehepartner immer mit, unabhängig davon, wie lange sie zurück liegt (siehe Seite 137).

Wie der Ehepartner das Eigenheim steuerfrei erbt

Wie zu Lebzeiten kann der angestammte Familiensitz auch im Erbfall steuerfrei auf den Ehepartner übergehen, wenn der Verstorbene bis zu seinem Tod dort gewohnt hat und der überlebende Gatte es unverzüglich für weitere zehn Jahre als seinen Lebensmittelpunkt nutzt. Unschädlich ist es, wenn der Erblasser dort aus zwingenden Gründen nicht gewohnt hat, etwa weil er als Pflegefall in ein Heim musste. Gleiches gilt, wenn der Erbe aus entsprechenden Gründen vor Ablauf der zehn Jahre ausziehen muss oder verstirbt. Räumt er jedoch das ererbte Eigenheim vorzeitig ohne solch zwingenden Grund, endet die Befreiung von der Erbschaftsteuer rückwirkend auf den Todestag des Erblassers. Eine solche 10-Jahres-Bindung gibt es nicht, wenn die Familienwohnung zu Lebzeiten an den Ehepartner verschenkt wird (siehe Seite 149).

Wie Kinder das Elternhaus steuerfrei erben

Steuerfreie Weitergabe nur bis 200 Quadratmeter

Ähnlich wie bei einer steuerfreien Weitergabe an den hinterbliebenen Ehepartner können auch Kinder und Stiefkinder des Erblassers das elterliche Domizil übernehmen, ohne dass Erbschaftsteuer fällig wird. Allerdings gilt dieses Privileg nur für maximal 200 Quadratmeter Wohnfläche; ist das Elternhaus größer, unterliegen zusätzliche Quadratmeter der Erbschaftsteuer. Die weiteren Bedingungen:

- Die Übernahme darf nicht im Widerspruch zum Letzten Willen des verstorbenen Elternteils stehen.
- Der verstorbene Elternteil muss bis zuletzt dort gewohnt haben oder wenn nicht, dafür zwingende Gründe gehabt haben.
- Das Kind muss unverzüglich seinen Lebensmittelpunkt in das Elternhaus verlegen und ihn zehn Jahre beibehalten. Eine Nutzung als Ferienhaus reicht nicht aus. Zieht das Kind früher aus, wird gegebenenfalls die Erbschaftsteuer nacherhoben – es sei denn, es lagen zwingende Gründe für die Räumung vor, etwa der Umzug in ein Pflegeheim. Es

genügt nicht, wenn der Ortswechsel aus beruflichen Gründen erforderlich war.

Zu gleichen Konditionen können Nachkommen eines Kindes die Immobilie übernehmen, falls es vor dem Erblasser verstorben ist.

03

WARUM DAS FINANZAMT WOHNIMMOBILIEN WEITERHIN BEGÜNSTIGT

Neues Verfahren zur Feststellung des Verkehrswerts seit 2009

Die goldenen Jahre für alle, die eine Immobilie erben oder geschenkt bekommen, sind vorbei: Bis 2008 galten für Liegenschaften vom Finanzamt ermittelte Grundbesitzwerte (auch Bedarfswerte genannte), die oft nur dem halben Marktwert entsprachen. Heute ermitteln die Finanzämter realistischere Werte, allerdings nach einem etwas einfacheren Verfahren als die öffentlich bestellten und vereidigten (öbuv) Sachverständigen. Viele Immobilienexperten erwarten, dass die Beamten bei ihren Schätzungen im unteren Bereich der bei solchen Kalkulationen unvermeidlichen Spannweite bleiben, um keine Widersprüche der Steuerpflichtigen zu provozieren. Bei vermieteten Wohnobjekten reduzieren sie ohnehin den von ihnen ermittelten Verkehrswert um 10 Prozent. Problematisch könnte die Berechnung der Grundbesitzwerte vor allem in Gebieten mit sinkenden Immobilienpreisen werden, falls die Beamten sich auf ältere Kaufdaten stützen sollten. Aber Betroffene können Einspruch gegen Bescheide einlegen, die ihres Erachtens überhöhte Werte ansetzen.

Tipp

Sicheren Erfolg bringt es, wenn die Steuerzahler binnen drei Jahren mit dem Verkaufsfall einer vergleichbaren Immobilie nachweisen können, dass das Finanzamt den Wert überschätzt hat. Fehlt ein solches Referenzobjekt, können Betroffene ihren Einspruch mit dem Gutachten eines öbuv-Sachverständigen begründen (siehe Seite 27), doch das muss die Behörde nicht anerkennen.

WIE ÜBERNOMMENE LASTEN DIE STEUER VERRINGERN

Vermögen übertragen, aber dabei einige Vorteile einbehalten: Nach diesem Motto verfahren viele Eigentümer, die ein Haus bzw. eine Eigentumswohnung verschenken. Manche sichern sich zum Beispiel den Nießbrauch oder ein Wohnrecht, andere lassen sich einmalig einen Kapitalbetrag oder lebenslang eine Rente zahlen, häufig muss auch der Beschenkte die Grundschulden mit übernehmen und im Lauf der Jahre tilgen.

Übernahme von Krediten und Nießbrauch

In solchen Fällen sprechen die Finanzbeamten von einer gemischten Schenkung, wenn zum Beispiel Kredite übernommen werden, oder einer Schenkung unter Auflage, falls etwa ein Nießbrauch besteht. Bei der Berechnung des steuerpflichtigen Erwerbs ziehen sie im Prinzip vom ermittelten Verkehrswert der lastenfreien Immobilie den Wert der übernommenen Verpflichtungen ab, das heißt, die Steuerforderung wird entsprechend der Belastung geringer.*) Wird ein Kredit übernommen oder ein Einmalbetrag gezahlt, steht der Abzugsbetrag damit im Grunde fest. Bei Ratenzahlungen oder lebenslangen Ansprüchen muss er erst ermittelt werden.

Welchen Wert eine Ratenzahlung hat

Da man Geld lieber heute als morgen kassiert, sind Zahlungen umso weniger wert, je später man sie erhält.

Wer in einem Jahr 105 Euro zu bekommen hat, ist zufrieden, wenn er stattdessen sofort 100 Euro bekommt – vorausgesetzt, er kann das Geld dann für 5 Prozent bei der Bank anlegen, damit er in einem Jahr ebenfalls 105 Euro besitzt. Die 100 Euro sind bei einem Zinssatz von 5 Prozent der Kapitalwert (auch Barwert genannt) der 105 Euro, die in einem Jahr fällig sind. Entsprechend lassen sich alle vereinbarten Zahlungen auf heute abzinsen – ihre Summe wird dann als Kapitalwert der Ratenzahlung bezeichnet.

Berechnung des Kapitalwerts

Ganz leicht lässt sich ein solcher Kapitalwert mit der folgenden Tabelle errechnen, die das Finanzamt verwendet. Sie unterstellt 5,5 Prozent Zinsen und die Zahlung einer Jahresrate von einem Euro zur Jahresmitte. Das entspricht Monatsraten von gut

*) Bis 2008 wurden manche Lasten nur deutlich reduziert berücksichtigt, diese Regelung besteht jedoch so nicht mehr.

8 Cent. Da Zinsen abgezogen werden, ist zum Beispiel eine Zusage, 30 Jahre lang je einen Euro zu zahlen, heute nur 14,93 Euro wert – obwohl über die Jahre gut der doppelte Betrag eingeht.

So viel ist eine Ratenzahlung heute wert, die jährlich 1 Euro einbringt

Laufzeit der Ratenzahlung	Kapitalwert einer Jahresrate von 1 €	Laufzeit der Ratenzahlung	Kapitalwert einer Jahresrate von 1 €
1	0,974	11	6,315
2	1,897	12	8,856
3	2,772	13	9,368
4	3,602	14	9,853
5	4,388	15	10,314
6	5,133	20	12,279
7	5,839	25	13,783
8	6,509	30	14,933
9	7,143	35	15,814
10	7,745	40	16,487

Bei 5,5 Prozent Jahreszins. Quelle: Bewertungsgesetz Anlage 9a

Lesebeispiele für die obige Tabelle: Welchen Kapitalwert hat die Zusage, 14 Jahre lang monatlich 833 Euro zu zahlen (das sind jährlich 10.000 Euro)? Für 14 Jahre zeigt die Tabelle einen Kapitalwert von 9,853. Der wird mit 10.000 Euro multipliziert. Ergebnis: Die Zusage hat einen Kapitalwert von 98.530 Euro.

Welchen Wert eine lebenslange Leistung hat

Ermittlung des Kapitalwerts bei durchschnittlicher Lebenserwartung

Bei allen lebenslangen Rechten legen die Finanzbeamten die durchschnittliche Lebenserwartung des Begünstigten zugrunde und ermitteln dann den heutigen Wert (Kapitalwert), der in dieser Zeit insgesamt fälligen Beträge. Das ist bei einem Nießbrauch jener Vorteil, den der Nießbrauchnehmer aus der Immobilie zieht – also in der Regel die Miete, reduziert etwa um Erhaltungsaufwendungen, zu denen er sich verpflichtet hat. Für ein Wohnrecht wird der Wert der ortsüblichen Miete angesetzt. Steht ein Wohnrecht oder ein Nießbrauch einem Paar solange zu, bis der letzte der Partner stirbt, wird der Rechenfaktor für den Begünstigten genutzt, der die längere Lebenserwartung besitzt.

Lesebeispiel zur folgenden Tabelle: Wie viel ist ein lebenslanger Nießbrauch für einen 70-Jährigen wert, der ihm jährlich 10.000 Euro Ertrag einbringt? Für einen 70-jährigen Mann zeigt die Tabelle einen Kapitalwert von 9,730. Der wird mit 10.000 Euro multipliziert – Ergebnis: Das Nießbrauchsrecht hat einen Kapitalwert von 97.300 Euro.

So viel ist ein lebenslanger Anspruch heute wert, der jährlich 1 Euro einbringt

Alter des/der Begünstigten	Männer		Frauen	
	Lebenserwartung*	Kapitalwert**	Lebenserwartung*	Kapitalwert**
45	34,03	15,661	38,56	16,312
48	31,29	15,184	35,73	15,924
50	29,50	14,832	33,86	15,633
53	26,90	14,257	31,11	15,150
55	25,21	13,838	29,29	14,788
58	22,75	13,156	26,61	14,187
60	21,16	12,665	24,85	13,743
63	18,84	11,869	22,26	13,009
65	17,33	11,295	20,56	12,468
68	15,14	10,376	18,05	11,574
70	13,74	9,730	16,41	10,922
73	11,72	8,707	14,01	9,858
75	10,47	8,017	12,49	9,110
78	8,74	6,982	10,36	7,954

80	7,71	6,318	9,06	7,180
83	6,32	5,363	7,28	6,030
85	5,49	4,758	6,25	5,313
88	4,44	3,953	4,94	4,342
90	3,88	3,504	4,27	3,818
93	3,11	2,866	3,42	3,126
95	2,72	2,532	2,97	2,747

* In Jahren.

** Für eine jährliche Leistung von 1 Euro. Rechenzins 5,5 Prozent.
Werte für Bewertungsstichtage ab 1. Januar 2012. Quelle: Bundesfinanzministerium.

WANN ES LOHNT, ZU VERKAUFEN STATT ZU VERSCHENKEN

Wenn Eigentümer eine Immobilie übertragen wollen, denken sie meist nur an eine Schenkung. Ein folgende Beispiel zeigt aber, dass ein Umweg Vorteile bringen kann.

Anleger A hat vor langer Zeit eine vermietete Immobilie für 200.000 Euro gekauft, die heute 400.000 Euro wert ist. Verschenkt A sie an Sohn S, setzt der in seiner Einkommensteuererklärung künftig den gleichen Abschreibungsbetrag an, wie bisher sein Vater – basierend auf einem Kaufpreis von 200.000 Euro.

Die Alternative: A verkauft S das Haus für 400.000 Euro. Da er es schon mehr als ein Jahrzehnt besitzt, ist der Veräußerungsgewinn von rund 200.000 Euro nicht einkommensteuerpflichtig (siehe Seite 37). Aber S kann nun eine höhere, nach dem Kaufpreis von 400.000 Euro berechnete Abschreibung nutzen. A könnte S den Kaufpreis gegen Sicherheit leihen und brauchte sich nicht mehr um die Verwaltung des Objekts zu kümmern. Später könnte er S den Kreditbetrag schenken.

Der Unterschied bei der Schenkungsteuer: Wird das Haus verschenkt, kalkuliert das Finanzamt den Verkehrswert vielleicht vorsichtig und zieht ohnehin, wie bei Mietobjekten vorgeschrieben, noch 10 Prozent ab – also ergibt sich mit etwas Glück ein steuerpflichtiger Erwerb von rund 350.000 Euro. Wird dagegen der Kredit von 400.000 Euro verschenkt, ist dieser Betrag schenkungsteuerpflichtig. Aber angesichts des Freibetrags wird in beiden Fällen keine Zahlung fällig.

Fazit: Ein Verkauf mit späterer Kreditschenkung ist im Beispielfall günstiger, weil der Sohn einen höheren Abschreibungsbetrag nutzen kann.

Verkaufsfall: Das Urteil fiele freilich anders aus, wenn der Sohn die Beispiel-Immobilie nach wenigen Jahren für 500.000 Euro verkauft. Hätte er sie geschenkt bekommen, würde auch für ihn das Kaufdatum des Vaters gelten, sodass der Veräußerungsgewinn einkommensteuerfrei bliebe. Beim Kauf entscheidet dagegen der eigene Anschaffungstermin, damit ist die Haltefrist von zehn Jahren noch nicht erreicht und der Veräußerungsgewinn einkommensteuerpflichtig.

WIE EIGENTÜMER BEI DER NACHLASSPLANUNG IHRE INTERESSEN WAHREN

In den vorangegangenen Abschnitten wurden beschrieben:

- die Formen der Eigentumsübertragung,
- die Rechte, die im Rahmen einer Immobilienübertragung vereinbart werden können,
- die Vorgaben des Erbrechts,
- die Regelungen zur Erbschafts- bzw. Schenkungsteuer.

Damit sind alle Informationen angesprochen, die ein Immobilieneigentümer für seine Nachlassregelung braucht.

Nachlassplanung: Finanzielle Sicherheit muss gegeben sein

Oberstes Gebot bei der Nachlassplanung: Der Immobilieneigentümer muss sicherstellen, dass er und alle Personen, für die er Verantwortung trägt, finanziell gut abgesichert sind – insbesondere der Lebenspartner, ob nun verheiratet, eingetragen oder ohne eine juristische Bindung, sowie eventuell unterhaltsbedürftige Nachkommen oder hochbetagte Eltern. Dabei ist es besser, sich jetzt mehr Rechte zu sichern, als man eigentlich für nötig hält, als nachher zu darben. Falls später tatsächlich Geld übrig bleibt, kann man es immer noch verschenken oder vererben. Fatal wäre es, wenn das Vermögen frühzeitig verschenkt wird, um die Freibeträge im 10-Jahres-Takt mehrfach nutzen zu können (siehe Seite 148), und es dann zu Problemen käme. Die Steuerfrage darf bei der Nachlassplanung nur eines von mehreren Argumenten sein – und keineswegs das wichtigste. Ergänzende Informationen liefert das Buch von Otto N. Bretzinger, „Richtig vererben und verschenken", ARD-Ratgeber Recht, Düsseldorf 2011.

Nachlassplanung für Familien oft problematisch

Ein Problem vieler Familien, die über den Nachlass nachdenken: Die Kinder möchten bzw. müssen beruflich mobil bleiben und wollen deshalb keine Verantwortung für eine Immobilie übernehmen. Häufig schieben Senioren den Beginn ihrer Planungen aber so weit hinaus, dass sich ihre Nachkommen bereits gezwungenermaßen anderweitig orientiert haben.

Dann findet sich vielleicht ein entfernter Verwandter, der Interesse an der Immobilie hat und zu angemessenen Gegenleistungen bereit ist. Im folgenden Text zur Nachlassplanung soll aber angenommen werden, dass ein erwachsenes Kind im Rahmen einer vorweggenommenen Erbfolge oder der Lebenspartner das Haus bzw. die Wohnung geschenkt bekommen.

Tipp

Will sich der bisherige Eigentümer bei einer Schenkung keine geldwerten Ansprüche sichern, ist im Vertrag eventuell nur festzulegen, in welchen Fällen der Schenkende seine Immobilie zurückfordern darf (siehe Seite 160). Möchte er dagegen bestimmte Rechte an der Immobilie behalten oder erwartet er Gegenleistungen vom künftigen Eigentümer, müssen auch dessen Möglichkeiten und Interessen sorgsam berücksichtigt werden.

Was im folgenden Abschnitt für das Verhältnis zwischen dem Schenker und dem Beschenkten beschrieben wird, gilt sinngemäß ebenso für die Beziehung zwischen dem Erben einer Immobilie und einem Dritten, dem der Erblasser ein Recht an dieser Immobilie per Erbvertrag gab bzw. per Testament gibt. Beispiel: Der Sohn erbt ein Haus, aber eine Tante erhält darin ein Wohnungsrecht.

WAS SCHENKENDE VOM BESCHENKTEN ERWARTEN DÜRFEN

Wenn der Eigentümer die Rechte festlegt, die er sich im Rahmen der Schenkung sichern will, ist Fantasie gefragt: Es gilt vorauszusehen, was in den kommenden Jahrzehnten passieren kann. Senioren müssen berücksichtigen, dass mit dem Alter auch Behinderungen kommen können. Dann kann ein Nießbrauch belasten, der je nach Vertragsgestaltung zur Verwaltung und Instandhaltung der Immobilie verpflichtet. Gut wäre es, wenn der Vertrag für diesen Fall vorsieht, dass der Alteigentümer statt der Mieteinnahmen zum Beispiel ein Wohnungsrecht und gegebenenfalls zusätzlich eine Rente erhalten kann.

Wohnungsrecht: problematische Fälle

Auch beim Wohnungsrecht kann es Probleme geben, weil der Rechtsinhaber das Domizil laut Gesetz nicht vermieten darf. Was aber, wenn er – etwa nach dem Tod des Lebenspartners – zu vereinsamen droht und zu Verwandten bzw. Freunden oder in ein Altenheim ziehen will? Oder wenn er aus medizinischen Gründen in einem Pflegeheim leben muss? Dann würde die Wohnung nach den Vorgaben des BGB leer stehen.

Nur in speziellen Fällen kann der Berechtigte doch die Miete kassieren: Der Bundesgerichtshof entschied am 19. Januar 2007 (V ZR 163/06) den Fall einer Wohnungsberechtigten, die aus medizinischen Gründen in ein Pflegeheim umziehen musste. Sie hatte dem Hauseigentümer erlaubt, die Wohnung zu vermieten, doch als der die Miete behielt, klagte sie auf Herausgabe der Einnahmen und erhielt Recht. Sicherer und klarer ist die Lage, wenn schon der Wohnungsrechtsvertrag für solche Fälle Lösungen, etwa eine Rente, vorsieht oder dem Wohnberechtigten die Vermietung gestattet.

Vertragliche Vereinbarungen sollten zu Zukunftsplänen aller Mitwirkenden passen

Bei der Vertragsgestaltung sollte der bisherige Eigentümer die Leistungsfähigkeit dessen, der die Immobilie erhalten soll, realistisch einschätzen. Wenn eine Vereinbarung langfristig Bestand haben soll, muss sie zu den Lebensplänen aller Beteiligten passen und auch bei freiwilligen oder erzwungenen Änderungen der Situation tragfähig bleiben. Die von einem erwachsenen Kind im Schenkungsvertrag übernommenen Verpflichtungen dürfen insbesondere nicht zu Konflikten mit den Interessen seiner Kleinfamilie führen. Senioren ist selten damit gedient, wenn sie später zwar mit einem Grundbucheintrag perfekt absicherte Rechte besitzen (siehe Seite 165), aber im Streit ums Geld den Kontakt zu den Kindern auf Spiel setzen.

Ein Beispiel für mögliche Konflikte: Bei Nießbrauch muss der Eigentümer zahlen, wenn eine umfassende Modernisierung ansteht, doch er erhält keine Mieteinnahmen. Er kann nicht einmal die Renovierungskosten steuerlich geltend machen, sodass zumindest eine aufwendige Modernisierung kaum lohnt. Jedenfalls sollte der neue Eigentümer auch in solchen Fällen kein Darlehen auf die Immobilie aufnehmen dürfen – sogar wenn festgelegt wird, dass der Kreditbetrag ausschließlich der Immobilie zugute kommen soll. Käme es zu einer Zwangsversteigerung, könnte der Alteigner seine Rechte verlieren (siehe Seite 165). Ist der neue Eigentümer finanzschwach, könnte der Nießbraucher selbst solche Renovierungskosten übernehmen, wie er es als Eigentümer auch getan hätte: Er dürfte diese Ausgaben steuerlich geltend machen und könnte über deren Höhe entscheiden. Für den Fall könnte er sich das Recht sichern, die Immobilie mit einer Grundschuld zu belasten – aber mit aller Vorsicht.

Probleme bei schlechter Finanzlage des neuen Besitzers

Ein anderer Fall: Ohne bösen Willen kann ein finanzschwacher neuer Eigentümer in die Klemme geraten, wenn er dem Alteigner eine Rente zugesagt hat und dann die Räume nicht wie geplant vermieten kann. Am problematischsten können sich Zusagen für persönliche Pflegedienste entwickeln. Was da eventuell nötig wird, zeigt der Leistungskatalog der Pflegeversicherung für die einzelnen Pflegestufen. Das kann sogar einen Opferwilligen überlasten, wenn die Anforderungen im Schenkungsvertrag nicht begrenzt sind und klar vereinbart ist, wer bei größerem Bedarf etwa einen professionellen Pflegedienst oder einen Heimaufenthalt finanziert. Selbstverständlich ist auch Vorsorge zu treffen für den Fall, dass der Beschenkte aus zwingenden Gründen die zugesagten persönlichen Leistungen nicht mehr erbringen kann bzw. vor dem Alteigentümer stirbt.

WAS BEI SCHICKSALSSCHLÄGEN GESCHEHEN SOLL

Vollmacht zur Rückübertragung der Immobilie an Alteigentümer

Mancher Alteigentümer fügt für den Fall, dass ein beschenktes Kind vor ihm sterben sollte, eine Klausel in den Schenkungsvertrag ein, die ihm dann einen Rückforderungsanspruch sichert. Zudem lässt er sich vom Kind für diesen Fall eine unwiderrufliche Vollmacht erteilen, die Liegenschaft auf sich zurückzuübertragen. So kann er bestimmen, wer die Immobilie nun erhalten soll – zum Beispiel nicht das Schwiegerkind, sondern direkt die Enkel. Falls bei der Schenkung Schenkungsteuer fällig wurde, wird sie bei der Rückforderung vom Finanzamt nach § 29 ErbStG zurückgezahlt. Alternative für den ersten Schenkungsfall: Das erwachsene Kind verpflichtet sich in einem Erbvertrag mit seinen eigenen Nachkommen, diesen die Immobilie zu hinterlassen.

Erbschaftsteuer entfällt bei Rückübertragung an Eltern

Sonst gilt: Schenken Eltern ihrem Kind eine Immobilie und erben diese nach dessen frühem Tod, müssen sie nach § 13 Abs.1. Nr. 10 ErbStG ausnahmsweise keine Erbschaftsteuer zahlen. Dagegen wird bei Erbschaften oberhalb der Freibeträge Erbschaftsteuer fällig, wenn ein Eigentümer eine Liegenschaft an seinen Ehepartner verschenkt hat, dieser vor ihm stirbt und der Alteigner sie erbt. Also empfiehlt sich auch hier eine Klausel im Schenkungsvertrag und eine Vollmacht, die eine Rückübertragung im Todesfall ermöglicht. Ob beschenkter Partner oder Kind: Hilfreich kann eine Rückübertragungsklausel samt Vollmacht auch für den Fall sein, dass der Beschenkte dauerhaft geschäftsunfähig wird, etwa als Komapatient.

Auch in weniger tragischen Fällen kann die Lage schwierig werden, wenn der Beschenkte persönliche Hilfeleistungen zugesagt hat, sie aber etwa wegen Krankheit oder eines berufsbedingten Umzugs nicht erbringen kann.

Eine Tochter bekommt von den Eltern ein Haus geschenkt und verpflichtet sich, diese bei Bedarf zu versorgen – doch sie erkrankt. Ein Sohn will die Pflichten übernehmen und soll entsprechend die Immobilie erhalten, darüber ist die Familie einig. Aber bei Schenkungen zwischen Geschwistern gibt es nur einen Freibetrag von 20.000 Euro, also würde nennenswert Schenkungsteuer fällig. Das Finanzamt geht dagegen leer aus, wenn der erste Schenkungsvertrag einen Passus enthält, dass der Alteigner die Immobilie in einem solchen Fall zurückfordern kann. Für diese Rückübertragung wird keine Schenkungsteuer fällig, das Finanzamt gibt sogar nach § 29 ErbStG die zuvor von der Tochter eventuell gezahlte Schenkungsteuer zurück. Nun können die Eltern das Haus an den Sohn übergeben.

WANN DER ALTEIGNER DIE IMMOBILIE ZURÜCKFORDERN KANN

Schenkungsvertrag: Schenker kann Immobilie jederzeit zurückfordern

»Geschenkt ist geschenkt«, sagt der Volksmund. Aber ein Schenkungsvertrag kann sogar vorsehen, dass der Geber das Präsent nicht nur – wie oben dargestellt - in Ausnahmefällen, sondern sogar jederzeit ohne Angabe von Gründen zurückfordern kann. Im Fall einer wertvollen Immobilie stünde der neue Eigentümer massiv unter Druck und könnte seine Finanzen unter Umständen kaum planen. Fairer und einer harmonischen Beziehung zuträglicher ist es, wenn der Vertrag konkret bestimmt, wann eine Rückforderung möglich ist. Dann hat es der Beschenkte in der Hand, es nicht so weit kommen zu lassen. Auch ohne entsprechende Vertragsklauseln – allein nach dem Gesetz – kann eine Rückforderung in Ausnahmefällen rechtens sein. Immerhin ein Trost: Wird eine Schenkung widerrufen, erstattet das Finanzamt die Schenkungsteuer nach § 29 ErbStG.

Rückforderung des geschenkten Eigentums bei finanzieller Not

Verarmung des Schenkers. Nach § 528 BGB darf ein Schenker, der seinen Unterhalt und den seiner unterhaltsberechtigten Angehörigen nicht mehr bestreiten kann, die Herausgabe von Geschenken verlangen. Das kann der Beschenkte abwehren, indem er für seinen früheren Gönner sorgt. Wurden mehrere Personen nacheinander beschenkt, muss ein früher Beschenkter das erhaltene Präsent nur abliefern, wenn die Rückgabe des späteren Geschenks nicht ausreicht, um den Schenker finanziell zu sanieren. Allerdings erlischt die Rückgabepflicht, wenn der Schenker seine Notlage grob fahrlässig oder gar vorsätzlich verursacht hat, der Beschenkte durch die Rückgabe selbst in Not geraten würde – oder wenn seit der Schenkung zehn Jahre vergangen sind.

Ausnahme: Schenkungen, die aufgrund einer sittlichen Pflicht erfolgten – etwa an einen Lebenspartner für jahrelange unentgeltliche Pflege – können nach § 534 BGB nicht zurückgefordert werden.

Schwere Verfehlungen als Grund für Zurücknahme des Geschenks

Zerwürfnis. Schwere Verfehlungen des Beschenkten gegenüber dem Schenker und seinen nahen Angehörigen erlauben es diesem, nach § 530 BGB, seine Schenkung wegen groben Undanks zu widerrufen – außer wenn er sittlich zu diesem Geschenk verpflichtet war (§ 534 BGB). Vertraglich wird ein Rückforderungsrecht teils auch für den Fall vereinbart, dass das Verhalten des Beschenkten eine Entziehung des Pflichtteils rechtfertigen würde (siehe Seite 136). Bei Schenkungen an Ehe- bzw. Lebenspartner ermöglicht manchmal der Vertrag eine Rückforderung, wenn es zu einer Trennung kommt.

Weitere Möglichkeiten der Rückforderung

Finanznot. Wünscht der Alteigentümer, dass der Beschenkte die Immobilie behält, kann er ein Rückforderungsrecht für den Fall in den Schenkungsvertrag einfügen, dass ein Verkauf versucht wird. Damit der neue Eigentümer in der Not das Objekt nicht doch unbemerkt versilbert, lässt der Schenker eine Auflassungsvormerkung für sich in das Grundbuch eintragen. Um eine Aushöhlung des Eigentums zu vermeiden, kann der Schenker im Vertrag noch ein Rückforderungsrecht vorsehen, wenn der neue Eigentümer das Grundstück mit Krediten belasten will. Der Alteigner könnte ferner ein Rückforderungsrecht vorsehen, wenn der Beschenkte etwa eine eidesstattliche Versicherung über seine Vermögenslage abgeben muss oder gar eine Zwangsvollstreckung bzw. ein Insolvenzverfahren gegen ihn eingeleitet wurde. Dann wird ihm vermutlich zwar der Verlust der Immobilie den finanziellen Todesstoß versetzen, doch das Objekt wäre dem Zugriff der Gläubiger entzogen. Schließlich könnte eine Rückforderung für den Fall vereinbart werden, dass der Beschenkte auf Dauer arbeitslos wird und wegen der Immobilie kein Arbeitslosengeld II erhält – allerdings ist es unter Juristen umstritten, ob eine solche Regelung sittenwidrig ist.

Steht fest, welche Regelungen der Schenkungsvertrag enthalten soll, wird sie ein Notar in klare Klauseln fassen. Und wenn der Vertrag unterschrieben ist, lässt er die Ansprüche des Alteigners zur Absicherung im Grundbuch eintragen. Dieser Ablauf wird im nächsten Abschnitt dargestellt – zusammen mit den Folgen, wenn der neue Immobilieneigentümer die grundbuchlich abgesicherten Zusagen nicht einhält.

Vorsicht

Wenn der Beschenkte die Immobilie nicht frei von Lasten – wie Grundschulden oder Leibrenten – erhält, spricht das Steuerrecht von einer gemischten Schenkung. Ein Teil der Übertragung, der dem Wert dieser Last entspricht, wird dann wie ein Kauf behandelt, falls der Beschenkte die Liegenschaft verkauft. Etwaige Veräußerungsgewinne können dann der Einkommensteuer unterliegen (siehe Seite 43).

Wie Schenkung und Erbe verknüpft werden können

Wer eine Immobilie verschenkt, wird auch die Folgen für den Erbfall bedenken. Hier drei häufige Situationen.

Ausgleich. Nicht jeder, der bei seinem Nachlass mehrere Kinder gleichermaßen bedenken will, besitzt entsprechend viele gleichwertige Immobilien, die er verschenken kann. Angenommen, ein Vater hat drei Kinder und ein Haus, so kann er es einem Kind schenken und im Schenkungsvertrag festlegen, dass

- im Erbfall die Immobilie auf den Erbteil anzurechnen ist, oder
- der neue Eigentümer seinen Geschwistern einen Ausgleich – sofort oder nach einer Stundungszeit – zu zahlen hat. Der Ausgleich würde vom Finanzamt als (indirekte) Schenkung der Eltern behandelt, sodass jedes Kind über 400.000 Euro Freibetrag verfügt.

Abstand. Vielleicht will der Eigentümer, der einem nahen Angehörigen eine Immobilie schenkt, diesem im Testament wenig oder gar nichts vererben – und er soll möglichst auch keinen Pflichtteil erhalten. Das gelingt, wenn im Schenkungsvertrag steht, dass die übertragene Immobilie auf den Pflichtteil angerechnet wird, und diese hinreichend wertvoll ist (siehe Seite 134).

Verzicht. Mancher Erblasser möchte, dass nicht alle Angehörigen, die nach dem Gesetz erbberechtigt sind, später Teil seiner Erbengemeinschaft werden oder Pflichtteile fordern können – etwa Kinder aus erster Ehe, wenn der zweite Ehepartner per Testament Alleinerbe werden soll. Dann kann er ihnen eine Immobilie schenken zum Ausgleich dafür, dass sie notariell für sich und etwaige Nachkommen auf ihre Pflichtteile verzichten. Selbstverständlich passt es bei einem solchen Vertrag nicht, wenn sich der Schenkende vertraglich Rückforderungsrechte sichert.

WAS DER SCHENKUNGSVERTRAG LEISTEN MUSS

Voraussetzungen für Schenkung

03

Immobilien können nur per Notarvertrag verschenkt werden – und die Übertragung kommt lediglich zustande, wenn der Beschenkte die Schenkung annimmt. Ebenso muss ein Notar protokollieren, welche Rechte am Grundstück – also Nießbrauch oder Wohnungsrecht – sich der Schenker eventuell vorbehält bzw. welche Leistungszusagen – etwa eine Leibrente oder persönliche Dienstleistungen – mit der Liegenschaft abgesichert werden sollen. Diese Ansprüche lässt der Notar dann in das Grundbuch eintragen. Wenn der Alteigner auf einer perfekten Absicherung besteht, ist das ein Zeichen von Lebenserfahrung und kein Misstrauen gegenüber dem Beschenkten. Gerade wenn dieser hochanständig ist, kann er durch unseriöse Geschäftspartner in eine wirtschaftliche Zwangslage geraten – denn ihm fehlt die Fantasie, sich vorzustellen, welche Methoden Gauner einsetzen, um an sein Geld zu kommen.

Was in den folgenden Abschnitten für die Beziehung zwischen dem früheren und dem neuen Eigentümer eines Hauses bzw. einer Eigentumswohnung beschrieben wird, gilt sinngemäß auch für die zwischen dem Erben einer Immobilie und einem Dritten, dem vom Erblasser Rechte daran zugesagt wurden – ob Nießbrauch, Wohnrecht oder Rente.

WANN DIE ANSPRÜCHE WIRKSAM GESCHÜTZT SIND

Der Härtetest für jeden im Grundbuch abgesicherten Anspruch ist: Was passiert damit, wenn die Immobilie zwangsversteigert wird, weil darauf lastende Schulden nicht bedient werden? Das Risiko: Fällt bei der Zwangsversteigerung der Hammer, werden anschließend alle Lasten gelöscht, die im Rang nach der Eintragung dessen stehen, der die Zwangsver-

Zwangsversteigerung: Auszahlung der Ansprüche und Entschädigung

steigerung betrieben hat. Seine Ansprüche werden zunächst vom Gericht – falls der Versteigerungserlös dazu ausreicht – in voller Höhe ausgezahlt. Bleibt noch Geld übrig, werden die Inhaber der gelöschten Rechte Rang für Rang entschädigt, falls sie ihre Forderungen angemeldet haben. Maximal erhalten sie den Kapitalwert der zugesagten künftigen Leistungen, also vereinfacht gesagt den abgezinsten Betrag, der dem Berechtigten zustünde, wenn er durchschnittlich alt würde (zur Berechnung siehe Seite 153). Doch für alle reichen die Mittel selten.

Zahlungsunfähigkeit nach Kreditaufnahme: Zwangsversteigerung

Diese Gefahr unterschätzen viele Rechteinhaber. Ein Fall: Der Alteigner, der nun nur noch ein Wohnungsrecht besitzt, war sicher, dass es in seinem Fall nie zu Problemen kommen werde. Schließlich stand sein Recht im Grundbuch auf dem zweiten Rang; den ersten hatte eine größere Grundschuld inne, der Kredit aus der Bauzeit war aber bei der Hausübergabe bereits weitgehend getilgt. Den Restbetrag, so dachte der alte Eigentümer, wird der neue leicht bedienen können. Doch der Neueigentümer nahm bei dem Institut, für das die Grundschuld eingetragen war, weitere Kredite auf. Als er die Raten nicht mehr zahlte, holte sich die Bank den Gesamtbetrag zurück, indem sie das Haus zwangsversteigern ließ. Das ist rechtens, denn Banken verlangen meist bei Vertragsabschluss, dass eine eingetragene Grundschuld nicht nur als Sicherheit für die Hausfinanzierung dient, sondern für alle Forderungen, die sie an den Immobilieneigentümer haben.

Ein anderes Beispiel: Die Bank, deren Grundschuld den ersten Rang einnahm, erhielt stets ihre Kreditraten. Auf dem zweiten Rang stand der Nießbrauch des früheren Eigentümers. Doch als sein Nachfolger in der Wirtschaftskrise die Forderungen eines nachrangigen Gläubigers nicht bezahlt, beantragt der die Zwangsversteigerung. Die Bank schließt sich an, weil sie nun auch für sich Probleme fürchtet. Folge: Die im zweiten Rang abgesicherten Rechte des Alteigners werden gelöscht.

Wenn die erstrangig abgesicherten Kredite gering waren, kann er aber immerhin auf eine angemessene Entschädigung hoffen. Alternative: Falls er über das nötige Geld verfügt, kann er die erstrangige Schuld ablösen und die Grundschuld löschen lassen, sodass sein Nießbrauch nun erstrangig abgesichert ist.

Tipp

Nur Rechte auf dem ersten Rang sind sicher. Ein Alteigner, der diese Position innehat, sollte sie nicht einmal räumen, wenn die neue, vorrangig einzutragende Grundschuld zur Hausmodernisierung dienen soll. Damit es auf keinen Fall zu einer Diskussion mit dem neuen Hauseigner kommt, sollte sich der alte Eigentümer ein Rückforderungsrecht für den Fall einräumen lassen, dass sein Nachfolger einen Darlehensvertrag schließt, der eine erstrangige Grundschuld vorsieht – oder besser noch, er soll gar keine Grundschuld aufnehmen dürfen.

Wenn bereits eine Grundschuld vorrangig abgesichert ist, sollte sich der bisherige Eigentümer noch vor der Immobilienübertragung von der Bank schriftlich zusagen lassen, dass sie keine weiteren Kredite des neuen Eigentümers mit der Grundschuld absichert. Noch sicherer wäre es, den eingetragenen Wert der Grundschuld auf die Höhe zu reduzieren, die aktuell noch benötigt wird. Oder der Alteigner lässt sich den Teil der Grundschuld, der nicht mehr für Kredite gebraucht wird, abtreten.

Verringerung oder Abtretung des Grundschuldbetrags

WAS BEI LEISTUNGSMÄNGELN WIRKT

Gesetzliche Pflichten des Eigentümers

Der Eigentümer haftet mit seinem gesamten Vermögen für alle Rechte und Ansprüche, die auf dem Grundstück lasten. Er muss also zum Beispiel eine zugesagte Rente zahlen, auch wenn die Immobilie nicht genug Miete einbringt. Oder er muss eine unvermeidliche Dachsanierung bezahlen, obwohl er wegen eines Nießbrauchs keine Mieteinnahmen erzielt. Kommt der neue Eigentümer seinen Pflichten nicht nach, muss der Alteigner mahnen und notfalls vor Gericht auf Erfüllung klagen. Dann folgt ein langer, steiniger Weg: Rund zwei Jahre können bis zum Urteil vergehen. Angesichts solcher Perspektiven sollte sich der Alteigner besser im Schenkungsvertrag ein Rückforderungsrecht für den Fall sichern, dass der neue Eigentümer seine Zusagen nicht erfüllt (siehe Seite 161).

Rechte des Alteigentümers bei angestrebtem Verkauf des neuen Besitzes

Eine entsprechende Klausel sollte es auch für den Fall geben, dass der Beschenkte das Objekt verkaufen will, denn der Alteigner hat es ihm ja wohl übereignet, damit es nicht in familienfremde Hände kommt. Dazu sollte eine Rückübertragungsvormerkung im Grundbuch eingetragen werden, die allein schon viele Interessenten abschrecken wird. Findet sich doch ein Käufer, kann der frühere Eigentümer entscheiden, ob er die Immobilie tatsächlich zurückfordert. Verzichtet er und sie wird verkauft, muss der neue Eigentümer die eingetragenen Rechte respektieren: Nießbrauch und Wohnrechte bleiben also erhalten, ebenso geht die Pflicht über, die Rente zu zahlen oder die zugesagten Hilfsdienste zu erbringen – dann wohl durch professionelle Helfer.

WELCHE SONDERREGELN BEI MINDERJÄHRIGEN GELTEN

Einkommensteuerfreibetrag

Mit Schenkungen an ein minderjähriges Kind lässt sich Einkommen der Eltern wirkungsvoll verlagern: Der Sprössling kann den Einkommensteuerfreibetrag nutzen, während seine Eltern vielleicht unter dem Spitzensteuersatz leiden. Die Eltern können das Kind beim Notarvertrag vertreten, wenn ihm die Übertragung nur rechtliche Vorteile bringt – so wie bei einem unvermieteten Haus, das unbelastet oder höchstens mit einer Grundschuld oder einem Wohnungs- bzw. Nießbrauchsrecht belastet ist. Anders liegt der Fall, wenn das Kind persönlich Verpflichtungen übernehmen soll, wie es bei sonstigen Darlehen, bei einer Vermietung oder generell bei Eigentumswohnungen mit ihren Verwalterverträgen der Fall ist. Dann muss ein vom Familiengericht bestellter Ergänzungspfleger – oft ein Verwandter des Kindes, den die Eltern vorgeschlagen haben – eingeschaltet werden, der die Rechte des Kindes wahrnimmt. Zudem muss der Vertrag nach dem Notartermin vom Familiengericht genehmigt werden.

Ergänzungspfleger wahrt die Interessen des Kindes

WELCHE VEREINBARUNGEN ERST IM TODESFALL WIRKSAM WERDEN

Soll eine bestimmte Person nach seinem Tod einen Teil seines Eigentums erhalten, kann der Erblasser dies im Testament bestimmen, das er jedoch jederzeit ändern kann. Eine stärkere Verpflichtung schafft dagegen ein notarieller Erbvertrag oder eine Schenkung auf den Todesfall, die im Fall einer Immobilienübertragung ebenfalls vom Notar zu beurkunden ist. Im Vergleich dazu stellt ein Vermächtnis nur eine eher unverbindliche Absichtserklärung dar.

03

WIE EIN ERBVERTRAG DEM EIGENTÜMER MANCHE FREIHEIT LÄSST

Erbverträge ohne Verpflichtungen mit Minderjährigen möglich

Um einen Erbvertrag nach §§ 2274 ff. BGB zu schließen, kommen zwei oder mehr Personen beim Notar zusammen, von denen mindestens einer eine Verfügung für den Todesfall treffen will. Auch mit einem Minderjährigen ab sieben Jahren kann ein Erbvertrag geschlossen werden, wenn er dadurch nur rechtliche Vorteile erlangt und keine Verpflichtungen eingehen muss. Damit scheiden selbst wertvolle Immobilien aus, falls sie vermietet sind, denn ein Mietvertrag enthält stets Verpflichtungen.

Häufig wird ein Erbvertrag von Paaren gewählt, wenn sich die Partner, die nicht durch eine Ehe oder eine eingetragene Lebenspartnerschaft erbrechtlich verbunden sind, verbindlich gegenseitig als Erben einsetzen wollen. Sie sollten aber einen Rücktrittsvorbehalt einfügen für den Fall, dass sie die Partnerschaft beenden.

Verbindliche Abmachungen zwischen Erblasser und Vertragserben

Im Folgenden soll angenommen werden, dass ein Eigentümer mit seinem erwachsenen Sohn vereinbart, dass dieser eine bestimmte Immobilie erben soll. Im Gegenzug kann sich der Junior – Juristen sprechen vom Vertragserben – zu bestimmten Leistungen verpflichten, etwa den Senior im Alter zu betreuen. Zudem sind im Erbvertrag alle Verfügungen möglich, die auch ein Testament erhalten kann, zum Beispiel könnte der Erblasser noch festlegen, dass seine Schwester ein Wohnrecht in dem Haus erhält, sobald es der Sohn geerbt hat. Neben verbindlichen Absprachen enthält ein Erbvertrag oft einige Absichtserklärungen. Der Notar sorgt für eindeutige Formulierungen – und nach der Unterzeichnung gebührenfrei für die amtliche Verwahrung des Erbvertrags.

Zusätzliche Absichtserklärungen

Gemeinsame Vertragsänderung-/aufhebung

Der Erbvertrag bleibt in seinen verbindlichen Teilen entscheidend, auch wenn der Erblasser später in seinem Testament anders verfügen sollte. Ändern sich die Umstände, können die Vertragspartner den Erbvertrag aber jederzeit gemeinsam durch einen notariellen Vertrag anpassen. Wollen sie ihn aufheben, nehmen sie die Urkunde einfach aus der amtlichen Verwahrung des Notars, was den Vertrag unwirksam macht. Nur wenige Fälle sind denkbar, in denen der Erbvertrag per Gesetz unwirksam wird:

- Der Erblasser war sich beim Vertragsabschluss über den Inhalt und die Bedeutung des Vertrags im Unklaren, so § 2078 (1) BGB (was bei einem Notarvertrag aber kaum denkbar ist).
- Er wurde durch Drohungen zum Vertrag gezwungen (§ 2078 (2) BGB).
- Der Kreis der Pflichtteilsberechtigten hat sich nach Vertragsschluss vergrößert – zum Beispiel dadurch, dass ein Kind geboren wurde oder der Erblasser geheiratet hat (§ 2079 BGB). Der Erblasser kann aber im Erbvertrag erklären, dass dieser auch in einem solchen Fall Bestand haben soll.
- Der Vertragserbe verhält sich so, dass ihm – wenn er gesetzlicher Erbe wäre – der Pflichtteil entzogen werden könnte (§ 2294 BGB).

- Die Verpflichtung des Vertragserben, die er im Erbvertrag übernommen hat, wird dadurch aufgehoben, dass er dazu auf Dauer nicht in der Lage ist – etwa wegen einer chronischen Krankheit. Damit ist auch der Erblasser von seinen vertraglichen Verpflichtungen entbunden (§ 2295 BGB).

Vernachlässigung der Vertragspflichten: kein grundsätzliches Recht auf Rücktritt

Kein gesetzliches Rücktrittsrecht besteht, wenn der Vertragserbe ohne ernsten, dauerhaften Grund seinen Verpflichtungen mangelhaft oder gar nicht nachkommt. Für diese Situation muss sich der Erblasser deshalb unbedingt im Erbvertrag den Rücktritt vorbehalten. Tritt der Fall ein, müsste er seinen Rücktritt gegenüber einem Notar erklären, der diese Erklärung dem Vertragserben zustellt. Falls dieser glaubt, seine Pflichten sehr wohl erfüllt zu haben und den Vertragsbestand vor Gericht einklagt, müssen die Richter entscheiden, ob der Junior tatsächlich seine Zusagen gebrochen hat.

Keine Beeinträchtigung der Rechte des Erblassers

Während ein Vertragserbe, der seinen vertraglichen Pflichten nicht nachkommt, den Verlust des per Vertrag zugesagten Erbes riskiert, kann der Erblasser nach § 2286 BGB weiterhin frei über sein Vermögen verfügen – und wenn er das im Erbvertrag zugesagte Erbe verkauft und das Geld verbraucht, drohen ihm und denen, die von seinem Tun profitieren, keine Sanktionen. Verschenkt er die dem Sohn per Erbvertrag zugesagte Immobilie an eine andere Person, hat der Sohn keinen Anspruch mehr darauf. Bedingung: Der Senior muss zu Lebzeiten ein Eigeninteresse an dieser Schenkung gehabt haben – etwa, weil er dadurch einen ihm lieben Menschen an sich binden oder sich für jahrelange treue Dienste bedanken wollte.

Nur wenn der Vertragserbe nachweisen kann, dass das Haus aus keinem vernünftigen Eigeninteresse verschenkt wurde, sondern böswillig allein um ihn zu benachteiligen, muss der Beschenkte die Immobilie nach dem Tod des Erblassers herausgeben. Dabei spielt es keine Rolle, ob er von dem Erbvertrag wusste oder nicht. Aber: Hätte er das Haus zwischenzeitlich verkauft und das Geld für Luxus oder Aktienspekulationen ausgeben, müsste er dem Vertragserben nur dann Ersatz leisten, wenn er von dessen Ansprüchen wusste. War er gutgläubig, hat der Vertragserbe das Nachsehen.

Eintrag im Grundbuch sichert Übereignung der Immobilie an Vertragserben

Will der Eigentümer seinem Vertragserben wirklich Sicherheit geben, kann er – nach reiflicher Überlegung – im Vertrag vereinbaren, dass zugunsten des Sohnes eine Auflassungsvormerkung im Grundbuch eingetragen wird. Damit kann die Immobilie nicht mehr an andere verschenkt oder verkauft werden und angesichts der Auflassungsvormerkung wird auch kaum eine Bank einen Kredit gewähren. Für den Fall, dass der Vertragserbe vor dem Erblasser stirbt, empfiehlt es sich zu regeln, wer dann erben soll – oder, ob der Erbvertrag nicht mehr gilt.

WARUM EINE SCHENKUNG AUF DEN TODESFALL VERBINDLICH IST

Hier wird vereinbart, dass die Übereignung nach § 2301 BGB nur wirksam werden soll, wenn der Beschenkte den Schenkenden überlebt. Im Fall einer Immobilie muss der Schenkungsvertrag vor dem Notar geschlossen werden. In aller Regel wird auch festgelegt, dass im Grundbuch eine Auflassungsvormerkung zugunsten des Beschenkten eingetragen wird. Der Schenkende bleibt lebenslang Eigentümer, kann die Immobilie verwalten und den Nutzen daraus ziehen, sie aber nicht verkaufen oder verschenken und faktisch auch nicht mehr beleihen. Das Objekt kann jedoch an Wert verlieren, wenn der Erblasser es nicht sachgemäß verwaltet und

Der Schenkende: lebenslanger Eigentümer

instandhält. Das Geschenk fällt später nicht in den Nachlass, sondern steht direkt dem Beschenkten zu.

WAS JURISTEN UNTER EINEM VERMÄCHTNIS VERSTEHEN

Umgangssprachlich wird »etwas vermachen« mit »vererben« gleichgesetzt, doch die Juristen unterscheiden die beiden Fälle. Wer im Rahmen eines Erbvertrags oder Testaments ein Vermächtnis erhält, also Vermächtnisnehmer wird, hat Anspruch auf ein bestimmtes Recht, etwa ein Wohnrecht, oder einen Vermögensgegenstand. Auch wenn über eine Immobilie verfügt wird, braucht es dazu keinen Notarvertrag: ein eigenhändig handschriftliches Testament genügt. Der Vermächtnisnehmer gehört nicht zur Erbengemeinschaft, vielmehr muss er die Erfüllung seiner Ansprüche von dem bzw. den Erben einfordern. Neben natürlichen Personen kann auch eine juristische Person, etwa ein Verein, Vermächtnisnehmer werden. Das Gleiche gilt für ein noch ungezeugtes Kind, etwa den erhofften Enkel. Die Erben müssen für sein Vermächtnis vorsorglich Mittel bereithalten.

Rechte des Vermächtnisnehmers

Mögliche Vermächtnisnehmer

Damit Vermächtnisnehmer ihre Rechte wahrnehmen können, die in § 1939 sowie §§ 2147 ff. BGB geregelt sind, sollte der Erblasser sie bzw. Vertrauenspersonen über das Vermächtnis informieren oder im Testament einen Testamentsvollstrecker benennen, der seine Anordnungen umsetzt. Zudem kann er bestimmen, wer das Vermächtnis erhalten soll, falls ein natürlicher Vermächtnisnehmer vor ihm sterben sollte oder ein juristischer sich vielleicht aufgelöst hat. Sonst endet der Anspruch in diesen Fällen zu Gunsten des Nachlasses.

Vorsicht

Sollte der Erblasser die im Vermächtnis versprochene Sache vor seinem Tod verkauft, verschenkt oder verloren haben, ohne sein Testament bzw. den Erbvertrag entsprechend zu ändern, verfällt der Anspruch des Vermächtnisnehmers ersatzlos.

Vorausvermächtnis. Ein Erbberechtigter kann zusätzlich zu seinem Erbe noch ein Vorausvermächtnis erhalten. Das führt aber oft zu Unklarheiten, wenn juristische Laien ihr Testament ohne sachkundige Beratung verfassen und wenn es dann heißt: »…. das Haus erhält Sohn A, sonst erben Sohn A sowie Erbe B und Erbe C zu gleichen Teilen.« Könnte gemeint sein, dass A das Haus als Vorausvermächtnis erhalten sollte und zusätzlich noch sein Drittel am verbliebenen Nachlass? Oder wollte der Erblasser die Verteilung des Nachlasses regeln, sodass die Immobilie auf das Drittel anzurechnen ist? Dieses Beispiel zeigt, wie wichtig es ist, beim Abfassen des Vermächtnisses juristischen Beistand zu suchen, um nicht den Grundstein für Erbstreitigkeiten zu legen.

WIE DAS TESTAMENT DEN NACHLASS ABSCHLIESSEND REGELT

Absicherung der Hinterbliebenen hat oberste Priorität

Mit seinem Testament verteilt der künftige Erblasser sein Vermögen, soweit er es noch nicht durch Schenkungen, Erbverträge und Vermächtnisse den ihm nahestehenden Personen zugeordnet hat. Oberstes Ziel eines Erblassers mit Familie muss es sein, die nahen Angehörigen finanziell gut zu versorgen – vor allem seinen Lebenspartner sowie unterhaltsberechtigte bzw. unterhaltsbedürftige Kinder. Er sollte nicht davon ausgehen, dass erwachsene Kinder den überlebenden Elternteil stets liebevoll unterstützen, sondern ihm lieber klare Rechte verschaffen. Dann muss beispielsweise die Witwe keine quälenden Diskussionen führen, ob sich etwa die Kosten ihrer Krankenpflege senken lassen.

Generell sind zwei Gruppen zu unterscheiden, die vom Testament begünstigt werden:

- Vermächtnisnehmer, die bestimmte Rechte oder Dinge von den Erben bekommen sollen, aber nicht zur Erbengemeinschaft gehören werden (siehe Seite 173),
- Erben, die stets einen bestimmten, nach Wert bemessenen Anteil am Nachlass erhalten. Zum Beispiel können mehrere

Begünstigte zu gleichen Teilen erben, oder einer erhält ein Viertel, ein anderer ein Achtel und so weiter.

Bei den Erben sind nochmals zwei Gruppen zu unterscheiden: Diejenigen, die frei über das ererbte Vermögen verfügen können, und solche, die Vorerben sind, also das ihnen übertragene Hab und Gut für den im Testament benannten Nacherben bewahren müssen.

Eine solche Regelung wird häufig von Eheleuten genutzt, die sich - wie der nächste Abschnitt beschreibt – gegenseitig als Alleinerben und die Kinder als Nacherben einsetzen. Alternativ können die Kinder direkt das Vermögen des Verstorbenen erben und der hinterbliebene Ehepartner erhält daran den Nießbrauch. Diese Variante hilft vermögenden Familien, Erbschaftsteuer zu sparen (siehe Seite 179). Manchmal ist es aber gerade sinnvoll, dass die Kinder nicht über das Erbe verfügen können (siehe Seite 179). Abschließend wird gezeigt, wie Erblasser die beschriebenen Möglichkeiten nutzen, um mit klaren Vorgaben zu verhindern, dass es unter den Hinterbliebenen zu Streit kommt (siehe Seite 184) – und wer ihnen helfen kann, das Testament eindeutig zu formulieren (siehe Seite 186).

Die gleichen Rechte, wie sie im Folgenden für Eheleute beschrieben werden, gelten für eingetragene Lebenspartner. Unverheiratete Paare können entsprechend mit einem gemeinsamen Erbvertrag für den Todesfall vorsorgen (siehe Seite 169).

WIE EHELEUTE EINANDER ZUM ALLEINERBEN EINSETZEN

Die meisten Ehepaare machen ein gemeinschaftliches Testament, in dem sie sich wechselseitig zum Alleinerben einsetzen und auch schon festlegen, wer das Vermögen erben soll, wenn einst die Witwe bzw. der Witwer stirbt. In der Regel sind das die Kinder. Diese typische Nachlassregelung wird als Berliner

Berliner Testament weit verbreitet

Testament bezeichnet. Ein weiterer Standard gemeinschaftlicher Testamente: Falls ein Kind beim ersten Todesfall seinen Pflichtteil fordert, soll es beim Tod des zweiten Elternteils ebenfalls nur den Pflichtteil erhalten. Zur Abschreckung gibt es kompliziertere Regelungen, die ein aufbegehrendes Kind beim zweiten Erbgang noch stärker benachteiligen. Gleichwohl besteht ein Anreiz zu Pflichtteilsforderungen, wenn die Nachkommen nicht lange auf das Erbe warten wollen – oder sich nicht sicher sind, wie viel Vermögen beim zweiten Erbfall noch vorhanden sein wird. Wenn Immobilien einen Großteil des Erbes ausmachen, kann eine Pflichtteilsforderung zum Verkauf zwingen, auch wenn in diesem Fall eine Stundung bei Gericht beantragt werden kann. Es ist keine Lösung, dem Ehepartner zu Lebzeiten Vermögen zu schenken, denn das würde bei der Berechnung des Pflichtteils stets berücksichtigt (siehe Seite 137). Die einzig sichere Lösung ist, dass volljährige Kinder frühzeitig in einem Notarvertrag darauf verzichten, beim Tod des ersten Elternteils den Pflichtteil zu verlangen.

Im Detail gibt es bei Ehegattentestamenten zwei Alternativen, die zu deutlichen Unterschieden in der Rechtsposition der Witwe bzw. des Witwers führen.

Der hinterbliebene Ehepartner

a) kann frei über das Erbe verfügen und die Kinder erben, was übrig bleibt;

b) wird Vorerbe und muss das Vermögen für die Kinder als Nacherben bewahren.

zu a) Wenn der Ehepartner frei verfügen kann. Falls es das gemeinschaftliche Testament so bestimmt, kann der hinterbliebene Partner mit dem Erbe anfangen, was er will: die Immobilie verkaufen, das Konto räumen. Das muss wahrlich kein Zeichen von Verschwendung sein, sondern kann angesichts möglicherweise hoher Pflegekosten im Alter bitter notwendig werden. Zum Glück konnte der überlebende Ehegatte frei über das eheliche Vermögen verfügen und hatte – soweit möglich – finanzielle Sicherheit. Und oft werden die Kinder das akzeptieren, auch wenn sie dann im zweiten Erbgang leer ausgehen sollten.

03

Zu Spannungen mit dem Nachwuchs kommt es aber oft, wenn der hinterbliebene Elternteil erneut heiraten will. Der neue Ehepartner und eventuell neu geborene Kinder würden Miterben neben dem Nachwuchs aus erster Ehe. Das verhindert die häufig verwendete Wiederverheiratungsklausel im gemeinsamen Testament. Sie bestimmt, dass die Kinder aus erster Ehe bei erneuter Heirat des überlebenden Elternteils ihren gesetzlichen Erbteil aus dem Nachlass des verstorbenen Elternteils erhalten – kurzfristig oder nach einer Stundung. Damit wäre das gemeinschaftliche Testament erfüllt und der überlebende Elternteil könnte bezüglich seines Nachlasses frei disponieren.

zu b) Wenn der Ehepartner Vorerbe wird. Er verfügt hier über das gesamte eheliche Vermögen, aber es ist gedanklich zweigeteilt: zum einen in die Bestände, welche der Hinterbliebene schon vor dem Tod des Partners selbst besaß oder vom verstorbenen Partner per Vermächtnis zugewiesen bekam, zum anderen in die restliche Erbschaft, die er nach §§ 2100 ff. BGB gleichsam treuhänderisch für die Nacherben, die Kinder, verwaltet. Daraus darf er nur den Nutzen ziehen. Gehört eine Immobilie zum Nachlass, muss er sie erhalten und kann sie bewohnen oder vermieten. Aber er darf sie nur beleihen oder verkaufen, wenn die Nacherben zustimmen. Dafür, dass er sich auch daran hält, sorgt ein Nacherbenvermerk, der von Amts wegen mit dem Eigentümerwechsel im Grundbuch eingetragen wird. Bei einem Wertpapierdepot kann ein Nacherbe für einen Sperrvermerk sorgen, ohnehin sind nur mündelsichere Anlagen erlaubt. Zum Problem wird die starre

Nacherbenvermerk im Grundbuch

Nacherbenregelung, wenn der Vorerbe zum Beispiel für einen behindertengerechten Umbau seiner Wohnung einen größeren Geldbetrag benötigt. Auch wenn er eines der Kinder, das ihn lange Jahre betreut hat, mit einem namhaften Geldbetrag oder einem höheren Erbanteil belohnen will, wird dies von den strikten Testamentsvorgaben verhindert. Ebenso wenig kann er ein Kind, das ihm Hilfe verweigerte, schlechter stellen. Bei Wiederheirat des überlebenden Elternteils bleibt das Vermögen, das er als Vorerbe erlangt hat, für die Kinder aus erster Ehe reserviert. Der neue Ehepartner und neugeborene Kinder haben nur Teil am sonstigen Vermögen der Witwe bzw. des Witwers.

Erneute Heirat des Hinterbliebenen

Das gemeinschaftliche Testament kann dem Vorerben aber auch mehr Spielraum bei der Nutzung des Vermögens lassen. Juristen sprechen dann vom befreiten Vorerben. Auch er darf kein Vermögen verschenken, aber zum Beispiel die geerbte Immobilie verkaufen oder belasten. Der Erlös unterliegt ebenfalls den Regeln der Vorerbschaft: Der hinterbliebene Ehepartner darf es nach Gutdünken ausgegeben, aber nicht verschenken oder an andere als die Kinder vererben.

WENN DER WITWER BZW. DIE WITWE DEN NIESSBRAUCH ERHÄLT

Bei dieser Variante geht der wesentliche Teil des Vermögens an die Kinder, der hinterbliebene Ehepartner erhält aber daran den Nießbrauch (zur rechtlichen Absicherung siehe Seite 165). Die Rechtsposition der Witwe bzw. des Witwers entspricht etwa der beim strengen Vorerben-Fall, doch sind Lockerungen durch das gemeinschaftliche Testament möglich. So kann er bzw. sie etwa das Recht erhalten, in bestimmten Fällen eine Immobilie zu beleihen oder von den Kindern einen Zuschuss zu verlangen.

Diese Variante der Nachlassgestaltung ist vor allem lohnend, wenn das Gesamterbe den Erbschaftsteuerfreibetrag des hinterbliebenen Ehepartners übersteigt. Wird er dann – wie in den beiden zuvor geschilderten Varianten – zum Alleinerben, kassiert das Finanzamt beim ersten Erbgang und eventuell erneut beim zweiten, wenn die Kinder das Eigentum erlangen.

Der Vater hinterlässt der Mutter als Alleinerbin ein Vermögen von einer Million Euro, sodass sie Erbschaftsteuer zahlen muss. Später erben die beiden Kinder je 500.000 Euro und zahlen erneut an den Fiskus (siehe Seite 141).

Sieht das gemeinschaftliche Testament im Beispiel dagegen vor, dass die Kinder erben und der Mutter der Nießbrauch bleibt, kommen ihre Freibeträge beim ersten Erbgang gemeinsam zum Einsatz. Jedes Kind erhält zwar 500.000 Euro, muss aber der Mutter den Nießbrauch einräumen – also ist der Wert des Erbes um den Wert des Nießbrauchs geringer (zur Berechnung siehe Seite 154). So werden die Kinder im Zweifel keine Erbschaftsteuer zahlen, jedenfalls aber weniger als die Mutter, wenn sie Alleinerbin wäre. Der Wert des Nießbrauchs der Mutter bleibt im Beispiel sicher geringer als ihr Freibetrag.

WANN KINDER BESSER NICHT ÜBER DAS ERBE VERFÜGEN SOLLTEN

Die meisten Eltern möchten ihren Kindern mit dem Nachlass ein angenehmeres Leben ermöglichen. Doch der Letzte Wille muss genau geplant werden, wenn der Nachwuchs Sozialhilfe erhält, Arbeitslosengeld II bezieht oder hoch verschuldet ist. Erbt das Kind in solchen Fällen Geld oder Vermögen, das es versilbern kann, hat es vielfach keinen materiellen Vorteil davon, weil die Behörden bzw. die Gläubiger zugreifen. So, wie es legal ist, Steuersparmodelle zu nutzen, ist es auch zulässig, nach Wegen zu suchen, wie das Kind tatsächlich von der Erbschaft profitieren kann. Manche der Maßnahmen bieten sich entsprechend an, wenn Erben suchtgefährdet sind oder unter dem Einfluss einer Sekte stehen.

Kinder mit Behinderungen

Das Schonvermögen der Empfänger von Sozialhilfeleistungen beträgt im günstigsten Regelfall 2.600 Euro. Jeden Euro mehr beansprucht der Sozialhilfeträger. Bedenken Eltern ihr behindertes Kind im Testament nicht, beansprucht der Sozialhilfeträger den Pflichtteil. Reduzieren Eltern ihr Vermögen durch Schenkungen, steht dem Kind ein Pflichtteilsergänzungsanspruch (siehe Seite 136) zu, den der Sozialhilfeträger ebenfalls einfordert. Allerdings dürfen Menschen mit Behinderung, die Leistungen der Sozialhilfe beziehen, eine Erbschaft ausschlagen. Stellvertretend kann der rechtliche Betreuer das Erbe ausschlagen, doch muss er dies vom Betreuungsgericht genehmigen lassen. Das entschied der Bundesgerichtshof am 19. Januar 2011 (Aktenzeichen IV ZR 7/10). Besser ist es, den Nachlass so zu regeln, dass der Sozialhilfeträger keinen Zugriff erlangen kann. Konkret: In einem Testament zugunsten des behinderten Kindes wird es als Vorerbe des Nachlasses eingesetzt, wobei der Erblasser zugleich eine lebenslange Testamentsvollstreckung anordnet – mit der Verwaltungsanordnung, dem Kind aus dem Ertrag des Vermögens Sachzuwendungen zukommen zu lassen, etwa für sein Hobby, medizinischen Bedarf oder einen Jahresurlaub. Zugleich bestimmt der Erblasser eine andere Person oder eine Institution zum Nacherben des Kindes.

Pflichtteilsergänzungsanspruch

Tipp
Ausführlich behandelt der Bundesverband für körper- und mehrfachbehinderte Menschen, Düsseldorf, das Behindertentestament in der Broschüre »Vererben zugunsten behinderter Menschen«. Sie kann im Internet unter www.bvkm.de kostenlos heruntergeladen werden. Die gedruckte Form kann unter Telefon 0211/64 00 40 bestellt werden.

Der Vorerbe hatte den Nachlass des Erblassers sozusagen nur auf Zeit erhalten, während der Nacherbe diesen später auf Dauer übernimmt. Der Nacherbe ist also nicht der Erbe des behinderten Kindes. Folglich – so die strenge Logik der Juristen – kann der Sozialhilfeträger auch keinen Anteil an diesem Vermögen beanspruchen. Der Bundesgerichtshof hat bereits 1990 und 1993 entschieden, dass ein Behindertentestament nicht sittenwidrig sei, obwohl der öffentlichen Hand dadurch Geld verloren geht. Aber die Eltern hätten nicht zuerst an den Staat zu denken, sondern an das Wohl ihres Kindes. Strittig ist unter Juristen, ob diese Beurteilung auch für große Vermögen gilt, die es dem behinderten Kind ermöglichen würden, ohne Sozialhilfe auszukommen.

Arbeitslose und Geringverdiener

Wer lange arbeitslos ist oder nur sehr wenig verdient, erhält Arbeitslosengeld II (Alg II). Erbt er nun Geld oder etwas, das sich verkaufen lässt (ausgenommen Erbstücke mit hohem emotionalem Wert), mindert der Betrag wie andere einmalige Einnahmen die Unterstützung. Ist das Erbe – etwa eine Immobilie – nicht sofort verwertbar, erhält er Alg II gegebenenfalls noch für eine Weile als Darlehen, wird aber vom Jobcenter nicht mehr krankenversichert.

Würde er das geerbte Geld für Luxus oder zum Beispiel zum Kauf einer Immobilie oder einer Altersversorgung verwenden und dann Unterstützung beantragen, wird die Behörde in der Regel verlangen, dass er das erworbene Vermögen wieder verkauft. Denn ein Leistungsbezieher muss alle Einnahmen zur Sicherung seines Lebensunterhalts einsetzen. Bei Bedarf erhält er allenfalls reduzierte Leistungen. Gleiches gilt für einen Alg-II-Empfänger, der ein Erbe ausschlägt, mit dem er eine Zeit lang ohne Hilfsgelder auskommen könnte.

Doch es gibt Situationen, in denen das Erbe dem Alg-II-Bezieher erhalten bleibt.

Eigenheim. Wenn ein Hilfebedürftiger ein Eigenheim erbt, in dem er bereits wohnt, wird das Erbe zwar als einmalige Einnahme berücksichtigt und das Alg II entfällt ganz oder teilweise für sechs Monate. Doch wenn der Betroffene wieder die Unterstützung beantragt, wird die Immobilie im Rahmen einer Härtefallregelung als selbst genutztes Wohneigentum – also als geschütztes Vermögen – eingestuft, das bei der Bedürftigkeitsprüfung nicht mitzählt.

03

Wohnrecht. Ohnehin unproblematisch wäre es, wenn der Alg-II-Bezieher ein Wohnrecht erben würde: Da es nicht übertragen werden kann, darf er es nutzen. Gilt die Wohnfläche als unangemessen groß, erhält er aber nicht die vollen Wohnneben- und Instandhaltungskosten erstattet. Gibt ihm das Testament ausnahmsweise das Recht, die Immobilie zu vermieten, muss er das gegebenenfalls nutzen und sich die Miete auf das Alg II anrechnen lassen.

Vorerbschaft. Erhält der Alg-II-Bezieher ein Vorerbe ohne Befreiung (entsprechend Seite 177), muss er es wie ein Treuhänder für die Nacherben, etwa seine Kinder, bewahren. Ein Ertrag würde als Einkommen beim Alg II angerechnet, aber nicht der Nachlass selbst.

Tipp

Wie eine Stiftung das Vermögen zusammenhält

Eine Stiftung muss keineswegs gemeinnützig sein. Als Familienstiftung kann sie einfach dazu dienen, für die Mitglieder der Stifterfamilie, den Destinatären, Einkünfte zu erzielen – zum Beispiel mit den Firmenbeteiligungen der Familie. Da kein Destinatär einen Pflichtteil oder eine Abfindung verlangen kann, bleibt das Kapital stabil erhalten. Das ist der Grund für die Errichtung einer Familienstiftung, bei der die Einzahlung des Kapitals – anders als bei Gemeinnützigkeit – keine Steuervorteile bringt und deren Erträge versteuert werden. Alle 30 Jahre wird Erbersatzsteuer fällig, ähnlich wie bei einem Generationenwechsel. Aber sogar eine gemeinnützige Stiftung kann Stiftern und ihren Nachkommen Leistungen zukommen lassen: Sie darf dazu bis zu 30 Prozent des Ertrags aufwenden.

Testamentsvollstreckung. Der Alg-II-Bezieher kann nicht über das Erbe verfügen, sondern erhält bei entsprechender Anordnung des Erblassers vom Testamentsvollstrecker nur lebenslang die Vermögenserträge, die auf die Unterstützung angerechnet werden. Auch etwaige Sachleistungen würden das Alg II mindern.

Familienstiftung. Wird der Nachlass in eine Familienstiftung eingebracht, bleibt das Erbe im Bestand geschützt, nur etwaige Erträge mindern das Alg II.

Rat rund um Alg II gibt es gratis unter www.sozial-hotline.de bzw. Telefon 0 30/50 56 04 44.

Schuldner

Wer hoch verschuldet ist, dem lassen die Gläubiger keinen Cent Einkommen, das über die Pfändungsfreigrenze hinausgeht. Vermögen wird in der Regel gepfändet. Eine Erbschaft kann der Schuldner jedoch ausschlagen, auch wenn dies moralisch bedenklich wäre. Ein Erblasser, der es gut mit dem Schuldner meint, kann aber per Testament so verfügen, dass zumindest das Erbe nicht an die Gläubiger geht. Dazu nutzt er sinngemäß die Regelungen, die es auch für Alg-II-Bezieher bewahren: Wohnrecht, Vorerbschaft ohne Befreiung, Testamentsvollstreckung und Familienstiftung (siehe Seite 181).

Privatinsolvenz. Besondere Regeln gelten für Schuldner, die mit einer Privatinsolvenz den Schuldenerlass anstreben. Am Anfang steht das eigentliche Insolvenzverfahren, das gut ein Jahr dauert und in dem der Insolvenzverwalter das Vermögen des Schuldners ermittelt. Anschließend verteilt er es an die Gläubiger. Wer in dieser Phase etwas erbt, muss alle erlangten Werte abliefern. Er darf jedoch nach § 83, Abs. 1 Insolvenzordnung das Erbe ausschlagen. Doch wenn das Testament ihm keine Verfügungsgewalt über seinen Teil des Nachlasses gibt, wie bei den für ALG-II-Bezieher genannten Nachlassregelungen, können auch die Schuldner nicht zugreifen. Das gilt auch in der anschließenden rund fünfjährigen Wohlverhaltensphase, in der ansonsten Erbschaften zur Hälfte an den Insolvenzverwalter abzuliefern sind. Der Schuldner kann auch in dieser Zeit ein Erbe ausschlagen, ohne seine Restschuldbefreiung zu gefährden. So entschied 2009 der Bundesgerichtshof (IX ZB 249/07) im Fall einer Frau, die in der Wohlverhaltensphase war, als ihr Vater starb. Sie erhielt kein Erbe, hätte aber den Pflichtteil fordern können. Sie lehnte dies ab, weil sie dann auch beim Tod der Mutter nur den Pflichtteil erhalten hätte.

Wohlverhaltensphase

Tipp

Kostenlosen Rat erhalten Schuldner und ihre Angehörigen per Telefon 01 80/4 56 45 64 (0,20 Euro pro Anruf aus dem Festnetz) oder im Internet www.schuldenhelpline.de.

WAS TESTAMENTSVERFASSER BEDENKEN SOLLTEN

Aus den in den vorherigen Abschnitten beschriebenen Regelungen komponiert der Erblasser sein Testament. Damit sein Letzter Wille eindeutig formuliert wird, sollte er einen Juristen hinzuziehen – und gegebenenfalls einen Testamentsvollstrecker einsetzen, damit seine Vorgaben auch tatsächlich befolgt werden (siehe Seite 188).

Teilungsanordnung

Das Risiko von Nachlassstreitereien kann er verringern, indem er in einer Teilungsanordnung festlegt, wem welche Gegenstände bzw. Rechte zustehen. Wer dabei wertmäßig mehr bekommt, als es seinem Anteil am Nachlass entspricht, muss einen Ausgleich in Geld an jene Miterben leisten, denen die Anordnung wertmäßig zu wenig zugewiesen hat. Dann kann nur noch über die Höhe des Ausgleichs gestritten werden. Der Erblasser kann aber auch verfügen, dass nicht ausgeglichen werden soll, indem er sinngemäß in das Testament schreibt: »Wenn ein Erbe bei der Teilung mehr erhält, als es seiner Quote entspricht, soll der Mehrwert als per Vorausvermächtnis zugeteilt gelten.«

Aufschieben der Vermögensaufteilung

Der Letzte Wille kann aber auch festlegen, dass die Erben für eine bestimmte Zeit, maximal 30 Jahre, den Nachlass nicht teilen dürfen. Zum Beispiel könnte ein Erblasser mit dieser Vorgabe versuchen, bei einer Immobilie einen schnellen Verkauf unter Wert zu verhindern – und hoffen, dass die Erben in der Stillhaltephase den angemessenen Preis erkennen. Oder er will die Aufteilung aufschieben, bis die Erben mehr Lebenserfahrung gewonnen haben. Allerdings können sie diese Testamentsklausel ignorieren, wenn sie sich einig sind. Offener Streit lässt sich auch durch eine überlegte Vergabe von Vermächtnissen verhindern.

Fall 1

Der Erblasser will seine heutige Ehefrau und die gemeinsamen Kinder als Erben einsetzen. Den Nachkommen aus einer früheren Ehe, die der neuen Familie distanziert gegenüberstehen, billigt er ein Vermächtnis zu und schreibt dazu, dass es anzurechnen sei, falls sie von den Erben den Pflichtteil fordern. Wenn das Vermächtnis mindestens so viel wert ist wie der Pflichtteil, wird es zu keinen störenden Forderungen der Kinder aus der ersten Ehe kommen.

Fall 2

Ein Witwer hat zwei Kinder, die seit Jahren einander aus dem Weg gehen. Er kann dann ein Kind zu seinem Alleinerben bestimmen und dem anderen ein Vermächtnis einrichten, mit der Anmerkung, dass es bei einer Pflichtteilsforderung anzurechnen wäre. Je nachdem wie der Vater das Vermächtnis bemisst, können beide durchaus gleichwertig erben, aber anders als bei einer Erbschaft zu gleichen Teilen müssen sie sich hier nicht über die Aufteilung und etwaige Ausgleichbeträge einigen.

Mit der Zuweisung von Rechten – als Erbschaft oder als Vermächtnis – kann ein Immobilieneigentümer ihm nahestehenden Menschen ebenfalls Gutes tun, gleich, ob es sich um Nießbrauch, ein Wohnrecht oder eine Rente handelt. Dafür, dass diese Ansprüche auch sicher erfüllt werden, gelten die gleichen Regeln wie bei der Absicherung eines Alteigners, der seine Immobilie verschenkt (siehe Seite 165).

Wenn der Erblasser so viel seines Vermögens durch Vermächtnisse und Schenkungen von Todes wegen überträgt, dass der verbleibende Nachlass unattraktiv oder gar überschuldet ist, können die Erben die Erbschaft ausschlagen und den Pflichtteil fordern. Im Zweifel gehen die Vermächtnisnehmer dann teilweise leer aus.

Nachdem wichtige Begriffe und Maßnahmen geklärt sind und sich der angehende Verfasser eines Testaments auch noch einmal über das Erbrecht (siehe Seite 125) und die Erbschaftsteuer (siehe Seite 140) informiert hat, sollte er sich die folgenden Grundfragen stellen:

- Wer soll als Erbe welchen Anteil am Nachlass bekommen?
- Soll eine Teilungsanordnung getroffen werden? Sollen den Erben Auflagen gemacht werden, wie sie mit dem Nachlass zu verfahren haben (etwa das Haus zehn Jahre lang nicht verkaufen, den Hund versorgen, das Grab pflegen)?
- Wer soll ein Vermächtnis erhalten?
- Soll es Vor- und Nacherben geben?
- Wer hat nach dem Gesetz Erbansprüche, soll aber nur den Pflichtteil erhalten (siehe Seite 134)?
- Hat ein Pflichtteilberechtigter per Notarvertrag auf sein Erbe verzichtet?
- Welchen Wert haben die zu vererbenden Immobilien (siehe Seite 26)?
- Welchen Wert haben sonstige Vermögenspositionen?
- Welche Schenkungen wurden vorgenommen und welchen Wert hatten sie?
- Welche Zusagen wurden per Erbvertrag, Schenkung von Todes wegen oder Vermächtnis gemacht?
- Gibt es sonstige Zusagen, die zwar nicht rechtlich bindend sind, aber doch möglichst eingehalten werden sollen?
- Soll ein Testamentsvollstrecker bestellt werden (siehe Seite 188)?

Werden die Antworten niedergeschrieben, können sie dem Juristen, der bei der Abfassung des Letzten Willens hilft, als Vorgabe dienen. Gegebenenfalls sollte auch ein Steuerberater hinzugezogen werden.

WER BEI DER ABFASSUNG DES TESTAMENTS HILFT

Viele Erbstreitereien lassen sich vermeiden, wenn ein auf Erbrecht spezialisierter Anwalt bzw. ein Notar bei der Testamentsgestaltung mitwirkt. Solche Experten sorgen für eindeutige Formulierungen und helfen, juristische Fehler zu vermeiden. Zudem kennen sie Lösungen für individuelle Erbprobleme der

Familie. Der Service der beiden Juristengattungen ist unterschiedlich:

Selbst verfasstes Testament

- Der Anwalt handelt nach einem Erstgespräch mit den Mandanten das Honorar frei aus, um sie dann zu beraten. Die Mandanten schreiben anschließend ihr Testament selbst per Hand nieder oder erhalten vom Anwalt einen Entwurf, den sie mit der Hand abschreiben. Versehen mit Ortsangabe, Datum und Unterschrift liegt dann ein eigenhändiges Testament vor. Es kann – wie auch jedes ohne Expertenhilfe entstandene Testament – beim Amtsgericht hinterlegt werden, das muss man aber nicht tun. Durch die Verwahrung des Testaments beim Amtsgericht, die eine Gebühr kostet (siehe entsprechende Spalte in der Tabelle zum notariellen Testament), wird sichergestellt, dass der Letzte Wille im Todesfall tatsächlich gefunden und beachtet wird.

Notarielles Testament

- Der Notar berät ebenfalls den Mandanten, erstellt danach selbst das Testament, das der Mandant nur zu unterschreiben braucht. Der hat nun ein notarielles Testament (auch öffentliches Testament genannt), das der Notar stets beim Amtsgericht hinterlegt. Die Notarkosten sind staatlich festgelegt und steigen mit dem Vermögen (siehe Kasten).

In einigen Bundesländern bzw. Regionen kann ein Rechtsanwalt zugleich als Notar amtieren. Hier muss der Mandant klären, in welcher Funktion der Jurist mit ihm spricht. Für Immobilieneigentümer gibt es ein eindeutiges Argument, sich von einem Notar beraten zu lassen: Das von ihm erstellte Testament genügt dem Grundbuchamt, um nach dem Todesfall das Haus bzw. die Eigentumswohnung auf den neuen Eigentümer umzuschreiben. Dagegen müssen Erben, die ein eigenhändiges Testament besitzen, zunächst beim Amtsgericht einen Erbschein beantragen. Die Ausstellung kann Wochen dauern und kostet doppelt so viel wie das notarielle Testament einer Einzelperson.

Wie viel Honorar der Notar erhält

Während Rechtsanwälte ihr Honorar bei außergerichtlichen Aufgaben seit Juli 2006 mit den Mandanten frei aushandeln, rechnen Notare nach einer staatlichen Kostenordnung ab. Die Gebühren steigen mit dem Vermögen nach Abzug etwaiger Schulden. Ein Testament kostet eine einfache Notargebühr, das gemeinsame Testament eines Ehepaars oder ein Erbvertrag das Doppelte. Ferner werden geringe Zusatzkosten fällig. Erbverträge verwahrt der Notar gratis auf, Testamente lagern gegen Gebühr beim Amtsgericht.

Gebühren für ein notarielles Testament

Vermögen*	Notargebühr**	Gerichtsgebühr***	Vermögen*	Notargebühr**	Gerichtsgebühr***
50.000 €	157 €	33 €	500.000 €	960 €	202 €
100.000 €	246 €	52 €	750.000 €	1407 €	296 €
200.000 €	425 €	89 €	1.000.000 €	1853 €	389 €

* Nach Abzug von Schulden
** Einfache Gebühr mit 19 Prozent Mehrwertsteuer
*** Je Testament für Verwahrung; es wird keine Mehrwertsteuer fällig.
Quelle: Kostenordnung

Tipp

Wann die Einschaltung eines Testamentsvollsteckers sinnvoll ist

In seinem Letzten Willen kann der Erblasser einen Testamentsvollstrecker berufen, der den Nachlass weitgehend unabhängig von den Erben verwaltet. Er führt die Verfügungen des Verstorbenen aus und teilt den verbleibenden Nachlass nach einer Frist, deren Dauer der Erblasser vorgibt, den Erben zu. Die Anordnung einer Testamentsvollstreckung kann generell bei größeren Vermögen sinnvoll sein, zumal wenn zahlreiche Vermächtnisse und Anspruchsberechtigte zu berücksichtigen sind. Sie ist aber auch sinnvoll, wenn streitbare Miterben vorhanden oder die Interessen von minderjährigen Erben sowie von wirtschaftlich und rechtlich unerfahrenen oder kranken Erben im Sinne des Verstorbenen zu schützen sind. Als Testamentsvollstrecker wird der Erblasser einen Vertrauten einsetzen – etwa einen Freund, der sich mit Rechts- und Wirtschaftsfragen auskennt, oder einen Notar, Rechtsanwalt bzw. Steuerberater.

STICHWORTVERZEICHNIS

A

B

D

E

F

G

H

IMPRESSUM

Herausgeber
Verbraucherzentrale Nordrhein-Westfalen e.V.
Mintropstraße 27, 40215 Düsseldorf
Telefon: 02 11/38 09-5 55
Telefax: 02 11/38 09-2 35
Internet: www.vz-nrw.de
E-Mail: publikationen@vz-nrw.de

Autor:	Karl-Heinz Seyfried, Köln
Herausgeber:	Dr. Frank Bräutigam
Koordination:	Kathrin Nick
Lektorat:	Mendlewitsch + Meiser, Düsseldorf
Produktion:	bretzinger : media.production, Baden-Baden
Gestaltungskonzept:	Ute Lübbeke, Köln, www.LNT-design.de
Umschlaggestaltung:	Ute Lübbeke, Köln, www. LNT-design.de
Umschlagfoto:	fotolia
Druck/Bindung:	Kraft Druck GmbH, Ettlingen
	Gedruckt auf 100 Prozent Recyclingpapier